AI 혁신으로 새로 쓰는
목회 현장

" **AI시대 목회자의 고민** "

― 오경근 지음 ―

쿰란출판사

AI 혁신으로 새로 쓰는
목회 현장

추천사

AI라는 거대한 기술 변화의 파도 앞에서 교회는 무엇을 해야 할까요? AI융합경영을 배우는 제자 오경근 목사님이 명쾌한 답을 제시합니다. 이 책은 AI에 대한 막연한 두려움을 걷어내고, AI를 목회의 '선한 동역자', '하나님이 주신 사역의 도구'로 삼는 구체적인 지혜를 담았습니다. 단순한 기술 활용법을 넘어, AI로 확보한 시간을 어떻게 더 깊은 영성 훈련과 본질적인 사역에 쏟을 수 있는지도 설명합니다. 이에 미래 목회를 고민하는 한국교회 목회자와 지도자들에게 깊은 통찰과 용기를 주는 책으로 강력히 추천합니다.

최윤식 박사
한국교회를섬기는공동체 대표, 미래학자

추천사

진솔한 목회자가 전하는 시대의 지혜

오경근 목사님을 알게 된 지 어느덧 이십 년이 흘렀습니다. 교단은 달라도 같은 지역에서 함께 사역하며 지켜본 그는, 특별히 다음 세대를 향한 한결같은 마음을 품은 목회자입니다. 교회 울타리를 넘어 지역사회에서도 신뢰받는 그의 모습은, 한 사람 한 사람을 귀하게 여기는 그의 목회 철학에서 비롯된 자연스러운 결과라고 생각합니다.

늘 시간과 씨름하던 그의 일상을 저는 기억합니다. 설교 준비와 행정 업무 사이에서, 흩어진 자료들과 앞으로의 사역 계획 속에서 균형을 찾아가던 모습, 이는 우리 시대 많은 목회자가 공감할 현실일 것입니다.

그런 그가 오이코스대학교 AI융합학과 박사과정에서 새로운 도전을 시작했을 때, 저는 그에게서 배움에 대한 겸손한 자세를 보았습니다. AI는 그에게 단순한 기술이 아니라, 목회 현장의 실제적 필요를 채울 수 있는 도구였습니다.

이 책 《AI 혁신으로 새로 쓰는 목회 현장》은 그가 경험한 솔직한 이야기입니다. 화려한 기술 소개보다는, AI를 통해 확보한 시간을 어떻게 본질적인 사역 곧 기도와 돌봄, 말씀 묵상에 재투자할 수 있는지를 실제적으로 보여줍니다.

책을 읽으며 인상 깊었던 점은, 기술의 효율성을 말하면서도 목회의 본질을 놓치지 않는 균형감입니다. 설교 준비 시간을 단축하는 방법을 소개하면서도 기도의 자리를 강조하고, 성도 관리의 체계를 이야기하면서도 한 영혼을 향한 관심을 잃지 않습니다.

변화의 시대에 서 있는 모든 목회자에게 이 책을 권합니다. 막연한 미래 담론이 아닌, 오늘 우리가 직면한 목회 현장에 필요한 실제적 도움을 찾을 수 있을 것입니다. 무엇보다 한 동역자가 자신이 성실하게 걸어온 길에서 발견한 지혜를 우리와 나누고자 하는 따뜻한 마음이 느껴질 것입니다.

마상욱 박사
오이코스대학교 AI융합학과 교수, 스파크 AI교육연구소장

추천사

오늘날 목회 현장은 너무도 많은 요구와 무거운 책임 앞에 놓여 있습니다. 수많은 목회자가 설교 준비를 위해 새벽까지 책상 앞에 앉아 있고, 구역예배와 제자훈련 자료를 만들기 위해 밤을 지새우며, 목회 행정 서류와 일정 관리로 지쳐갑니다. 이런 현실에서 정작 가장 본질적인 목회 사역, 곧 성도를 깊이 돌보고 기도와 말씀에 집중하는 시간은 점점 줄어듭니다. 이것이 단지 어느 한 개인의 문제일까요? 한국교회 전체가 마주하고 있는 현실이 아닐까요? 이런 상황에서 AI는 단순한 기술을 넘어, 목회자의 짐을 덜어주는 새로운 동역자가 될 수 있습니다.

하지만 여전히 많은 목회자가 질문합니다. "AI를 써도 괜찮을까? AI를 쓰면 하나님 앞에 불성실한 것이 아닐까?" 이 책 《AI 혁신으로 새로 쓰는 목회 현장》은 그 물음에 대한 가장 정직하고 성실한 답을 제공합니다. 목회자인 저자는 AI를 무조건 미화하지도, 반대로 두려움으로 가두지도 않습니다. 오히려 신학적 성찰을 바탕으로 AI를 어떻게 '사역의 도구'로 활용할 수 있는지를 깊이 있게 풀어내고 있습니다.

이 책은 정말 목회자들에게 꼭 필요한 책이라고 생각합니다. 무엇보다 설교 준비 과정에서 방대한 자료를 정리하고 새로운 아이디어를 얻는 방법, 교육 목회에서 아이들의 눈높이에 맞는 자료를 준비하는 방식, 상담 사역에서 반복되는 행정 기록을 효율적으로 관리하는 방법 등이 실제 사례와 함께 제시되어 있습니다. 목회자들이 책을 읽고 나면 곧바로 현장에서 적용할 수 있는 길이 보일 것으로 확신합니다.

저는 한국AI교육협회 회장이자 오이코스대학교 AI융합학과 교수로서 확신합니다. 앞으로의 목회는 단순히 열심과 헌신만으로는 감당하기 어려울 것이며, AI 기술을 알고 활용하는 목회와 그렇지 못한 목회의 차이는 점점 더 분명해질 것입니다. AI는 분명 목회자에게 단순반복적인 업무에 빼앗긴 시간을 되찾아주고 목회의 본질에 집중하도록 돕는 하나님의 선물이 될 수 있습니다. 이 책은 그러한 변화의 문 앞에 선 모든 목회자에게 방향을 보여주는 나침반과 같은 책이라고 생각하기에, 이 책을 모든 목회자에게 권합니다.

최진이 교수
한국AI교육협회 회장, 오이코스대학교 AI융합학과 교수

추천사

AI에 대한 지나친 관심과 공포 사이에서 흔들리는 오늘, 이 책은 조용히 목회의 본질을 세웁니다. "도구는 도구일 뿐, 중심은 영성이다"라는 한 문장을 신학적 성찰과 현장 경험으로 끝까지 증명합니다. 설교 준비와 연구, 양육·상담, 교육·디지털 사역에 이르기까지 AI는 사역을 대신하지 않고, 목회자에게 기도와 섬김에 더 집중하도록 시간을 돌려주는 도구가 될 수 있음을 설득력 있게 보여줍니다.

무엇보다 이 책은 목회에 AI를 도입하도록 강요하지도, 또 거부하도록 선동하지도 않습니다. 다만 분별의 나침반을 손에 쥐여주어 우리가 AI를 왜, 그리고 어떻게 써야 하는지 선명하게 안내합니다. 책을 읽는 내내 잃어버렸던 우선순위가 제자리로 돌아오는 것 같음을 경험했습니다.

AI 시대, 그리스도인이 가져야 할 균형 잡힌 시각과 바른 영성을 가장 분명하게 보여주는 이 보석 같은 책을 저는 성경 옆에 두고 오래 읽을 것입니다.

김세광 박사
오이코스대학교 AI융합학과 교수

프롤로그

2023년 4월, '챗GPT'라는 이름을 처음 들었을 때 기대와 함께 내 마음 한편에 묘한 긴장이 일어났다. 나는 문득 'AI가 하나님을 대신하는 건 아닐까?', '너무 편리해서 설교자의 묵상과 훈련이 약해지진 않을까?' 하는 두려움과 고민에 빠졌다. 교계 안팎에서도 "AI는 우상이 될 것이다", "사탄의 도구다"라는 극단적인 반응부터 "잘만 활용하면 목회자의 강력한 동역자가 될 것"이라는 희망 섞인 해석까지 다양한 목소리가 터져 나왔다.

그러나 인류의 역사는 언제나 '도구의 역사'였다. 원시인은 돌을 깎아 창을 만들었고, 산업혁명 시대에는 증기기관과 기계의 힘으로 세계의 판이 다시 짜였다. 그리고 이제 우리는 AI라는 새로운 도구 앞에 서 있다. 돌칼 대신 파워포인트, 담소 대신 유튜브, 손 편지 대신 카카오톡. 변화된 것은 방식일 뿐, 목회 사역의 본질은 '말씀을 전하고, 사람을 살리며, 하나님 나라를 세우는 것'으로 동일했다.

지난 수십 년의 목회 여정에서 유선전화, 문자메시지, 파워포인트, 인터넷, 스마트폰, SNS, 줌, 유튜브 등 수많은 도구가 '말씀을 더 넓게, 더 깊게, 더 살아 있게 전하게 하라'는 한 가지 목적을 위해 쓰여 왔다.

AI 역시 마찬가지다. 2년 넘게 AI와 사역을 실험하며 깨달은 것은 도구는 본질이 아니라 방향이라는 것이다. AI 그 자체는 선하지도, 악하지도 않다. 칼이 생명을 살릴 수도, 해칠 수도 있듯이 문제는 그것을 쥔 사람의 손과 마음이다. 기도하는 설교자의 손에 들려 있다면 AI는 말씀을 정리하고, 전파하며, 묵상하도록 돕는 '선교의 마차, 교육의 비서, 콘텐츠의 정원사'가 될 수 있다. 그러나 기도하지 않는 자의 손에 들리면 하나님의 말씀마저 데이터로 환원시키는 위험한 도구가 될 수도 있다.

이 책은 바로 그 질문에 대한 선견자의 영적이고 실제적인 답변이자 고백이다. AI를 통해 행정 업무, 자료 검색, 내용 요약에 쓰던 시간을 획기적으로 줄여 기도, 말씀 묵상, 성도들과의 깊이 있는 인간관계에 더 집중할 수 있게 된 경험을 나누려 한다.

또한 그동안 바쁘다는 핑계로 미뤄뒀던 출판, 평생 교육, 전문 학습 등 사역의 지평을 어떻게 확장할 수 있었는지 보여줄 것이다. AI는 설교 준비의 디테일을 풍부하게 하고 시간을 절반으로 줄여주었으며, 독서와 성경 연구, 교재 집필까지 활용의 문을 열어주었다.

우리는 지금 '도구의 전환기'에 서 있지만, 중요한 것은 도구가 아니라 도구를 쥐고 있는 우리의 정체성과 방향성이다. "두려워 말라. 도구는 도구일 뿐이다. 기도하는 당신의 손에 들려 있다면, AI도 하나님 나라를 위한 도구가 될 것이다." 이 믿음으로, 이 책이 독자 여러분에게 AI를 통해 더욱 본질적인 사역에 집중하고, 하나님 나라를 힘 있게 세워가는 지혜로운 여정을 안내하는 작은 이정표가 되기를 소망한다.

2025년 9월
주사랑교회에서
오경근

차례

추천사
최윤식 박사(한국교회를섬기는공동체 대표, 미래학자)   4
마상욱 박사(오이코스대학교 AI융합학과 교수, 스파크 AI교육연구소장)   5
최진이 교수(한국AI교육협회 회장, 오이코스대학교 AI융합학과 교수)   7
김세광 박사(오이코스대학교 AI융합학과 교수)   9

프롤로그   10

1장
AI, 목회의 새로운 문을 열다

1. 두려워 말라, 도구는 도구일 뿐이다   20
   1-1. 두려워 말라, 도구는 도구일 뿐이다   20
   1-2. 도구는 중립적이다   24
   1-3. 당신의 손에 어떤 도구가 있는가   26

2. 왜 지금 목회자에게 AI인가   30
   2-1. 시대의 흐름 : AI, 신학과 목회 사이   30
   2-2. AI가 목회 현장에 끼치는 영향   31
   2-3. 기술이 아닌 사람을 위한 도구로서의 AI   33

3. 목회자의 진짜 경쟁력 시대가 오다   34
   3-1. 교회 건물이 아닌 영성과 인성으로   34
   3-2. 학력이 아닌 실력으로   35
   3-3. 목회자가 진짜 집중해야 할 것들   36

2장
설교, 기도 그리고 AI

1. 설교 준비, AI와 함께하는 지혜의 여정   40

2. 설교자의 새벽, AI 비서와의 동행
   : "하나님, 이번 주엔 뭘 전해야 할까요?"   45

3. 설교 완성도 점검과 피드백 활용   54

3장

상담, 양육 그리고 AI

1. 상담과 양육, AI와 함께하는 목회 사역   64

2. 양육 교재 제작과 학습 추적
 : AI는 나의 성장 도구   72

3. 디지털 시대의 복음, AI와 함께 날개를 달다   86

4장

디지털 공간에도 복음은 흐른다

1. 디지털 시대, 목회의 확장   98
　1-1. 교회 소식지, 주보의 변화   98
　1-2. 디지털 시대의 목회, 그 따뜻한 여정   101
　1-3. AI와 함께하는 온라인 사역 관리   104

2. 평생 학습과 성장의 도구로 AI 활용하기   108
    2-1. 신학과 리더십 자료 자동 탐색   108
    2-2. 독서 정리, 강의 노트와 논문 작성 지원   113
    2-3. 평생교육을 위한 자기주도학습과 코칭 도구로의 활용   119

3. 교회 밖 사역과 지역사회 이해   126
    3-1. 지역 데이터와 트렌드 분석   126
    3-2. 사회문제 대응 자료 수집과 대응   133

5장
AI 시대, 목회자의 자리

1. AI 기반 목회 전략 수립과 협업   140

2. 콘텐츠 아카이빙과 출판 시스템   146
    2-1. 설교/강의 원고 정리 자동화   146
    2-2. 주제별 콘텐츠 관리와 출판 흐름 자동화   151
    2-3. 콘텐츠 저장·검색·재사용 시스템   156

3. AI 시대, 목회자의 자리 160
   3-1. 성령 충만 160
   3-2. 말씀 충만 164
   3-3. 주님을 닮은 인성 168
   3-4. 쉬지 않는 기도를 통한 주님과의 동행 172
   3-5. 공동체 활동 174
   3-6. 전신갑주의 신형 무기를 장착하라 179

에필로그 185

1장

AI, 목회의 새로운 문을 열다

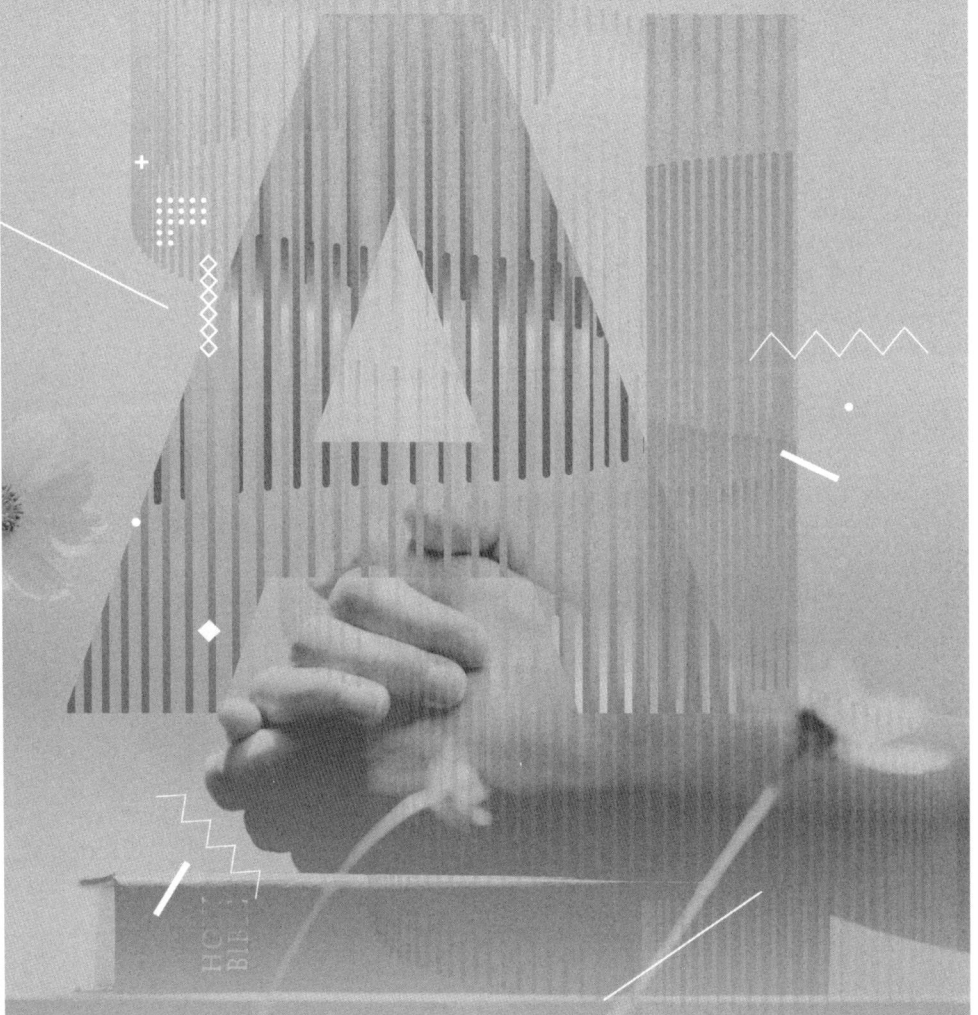

1.
두려워 말라, 도구는 도구일 뿐이다

1-1. 두려워 말라, 도구는 도구일 뿐이다

◉ 도구의 역사

도구를 어떻게 만들고, 어떻게 활용하고, 어떻게 연결했는가에 따라 인간은 생존을 넘어 문명을 이루고, 역사를 변화시켜 왔다. 원시인은 돌을 깎아 창을 만들었고, 신석기 시대에는 뼈와 나무로 농사를 짓고 공동체를 세웠다. 청동기 시대에는 금속을 다루며 권력을 형성했고, 문자의 도입은 지식과 역사를 후대에 전달하게 했다. 산업 혁명 시대에는 증기기관과 기계의 힘으로 세계의 판을 다시 짰고, 전기·전자·컴퓨터와 인터넷, 스마트폰의 출현은 지구를 하나의 연결망으로 엮어 놓았다. 그리고 우리는 지금, AI라는 새로운 도구 앞에 서 있다. 시대마다 도구를 먼저 손에 든 자가 문명을 선점했고, 도구를 믿음과 지혜로 사용한 자가 다음 세대를 이끌었다.

돌칼 대신 파워포인트, 담소 대신 유튜브, 손편지 대신 카카오톡. 변화된 것은 방식일 뿐, 목회 사역의 본질은 동일하다. '말씀을 전하고, 사람을 살리며, 하나님 나라를 세우는 것.' 나 역시 수십 년의 목회 여정에서 수많은 도구를 사용해 왔다. 유선전화는 심방의 시작점이었고, 문자메시지는 성도들에게 속도감 있는 위로를 전하는 수단이었다. 파워포인트는 말씀의 시각적 전달을 도왔고, 인터넷은 설교자료의 범위를 넓혀 주었다. 스마트폰과 SNS는 공동체의 연결을 강화했으며, 줌과 유튜브는 비대면 시대에도 복음이 흐르게 했다. 컴퓨터와 노트북은 말씀과 사역을 정리하고 보관하는 중심이 되었다. 이 모든 도구는 한 가지 목적을 향하고 있었다. '말씀을 더 넓게, 더 깊게, 더 살아 있게 전하게 하라.'

하지만 AI 앞에서는 달랐다. 처음에는 거리감과 두려움이 있었다.

"AI가 하나님을 대신하는 건 아닐까?", "너무 편리해서 설교자의 묵상과 훈련이 약해지진 않을까?", "기도하지 않아도 준비되는 설교가 과연 말씀인가?" 그래서 나는 되도록 늦게 배우고 싶었다. 무분별한 도입이 아니라, 신앙적 분별이 우선이라는 확신 때문이었다.

그러나 조금씩 AI를 사용해 보며 알게 되었다. 도구는 본질이 아니라 방향이라는 것을. 누가, 무엇을 위해, 어떻게 사용하느냐가 진짜 문제라는 것을. AI 그 자체는 선하지도, 악하지도 않다는 것을.

◎ 도구가 주는 실제적인 열매 : 사역의 회복과 확장

2년 넘게 AI와 함께하는 사역을 실험해 보며, 나는 다음과 같은 실제적인 열매를 직접 경험했다.

● 시간 회복: 행정 업무, 자료 검색, 내용 요약 등에 쓰던 시간을 획기적으로 줄일 수 있었다. 덕분에 기도, 말씀 묵상, 그리고 성도들과의 깊이 있는 인간관계에 더 집중할 수 있게 되었다.

● 배움의 실현: 그동안 바쁘다는 핑계로 미뤄뒀던 출판, 평생교육, 전문학습이 가능해졌다. 단순히 '바빠서 못했던 일'을 이제는 '할 수 있는 시간'이 생긴 것이다.

● 지식의 신뢰 확보: AI를 통해 출처가 명확한 자료를 빠르게 얻고 체계적으로 정리하면서, 설교와 교육에서 더욱 확신 있게, 자신 있게 말하고 가르칠 수 있게 되었다.

● 공동체와 더 가까워짐: 시간적 여유는 곧 사람과의 만남의 회복으로 이어졌고, 말씀만이 아니라 삶을 나누는 사역이 활기를 띠게 되었다.

도구는 도구일 뿐이다. 그러나 도구는 선하지도, 악하지도 않다. 칼은 생명을 살릴 수도, 해칠 수도 있고, 망치는 건물을 건축할 수도, 파괴할 수도 있다. 도구는 도구일 뿐, 문제는 그것을 쥔 사람의 손과 마음이다.

AI도 마찬가지다. 기도하는 설교자의 손에 들려 있다면, AI는 말씀을 정리하고, 전파하고, 묵상하도록 도와주는 선교의 마차, 교육의 비서, 콘텐츠의 정원사가 될 수 있다. 그러나 기도하지 않는 자의 손에 들리면, 하나님의 말씀마저 데이터로 환원시키는 위험한 도구가 될 수도 있다.

우리는 지금 '도구의 전환기'에 서 있다. 책에서 스크린으로, 인간의 손에서 AI로 넘어가는 시대다. 그러나 중요한 것은 도구가 아니라, 도구를 쥐고 있는 우리의 정체성과 방향성이다. "두려워 말라. 도구는 도구일 뿐이다. 기도하는 당신의 손에 들려 있다면, AI도 하나님 나라를 위한 도구가 될 것이다." 이 믿음으로, 우리는 새로운 시대를 향한 사명을 담대하게 감당할 수 있다.

1-2. 도구는 중립적이다

도구는 중립적이다. 손이 문제다. 불은 요리에 필요하고 생명을 살릴 수 있지만, 집을 태우고 생명을 앗아가기도 한다. 칼은 수술실에서 생명을 연장할 수 있지만, 공격과 살인의 도구가 될 수도 있다. 도구는 본래 중립적이다. 문제는 그것이 누구의 손에 들려 있느냐다. 하나님이 주신 도구를 어떻게 사용할 것인가? AI 역시 마찬가지다. 그 자체로 선하거나 악하지 않다. 하지만 설교자의 손에 들려 있을 때, 그 도구는 말씀을 정리하고, 나누고, 흘려보내는 선한 도구가 될 수 있다. 도구로 만들어진 모든 콘텐츠에는 반드시 목회자의 삶, 인격, 성령 충만함, 말씀 충만함, 하나님과의 동행이 함께 있어야 한다. 그것이 선한 도구의 조건이다.

사람은 목적이고, 도구는 수단이다. 사람은 사랑해야 하고, 도구는 사용해야 한다. 이 순서가 뒤바뀌면, 목회도 복음도 본질을 잃게 된다. 도구는 기술이다. 그러나 그 도구를 거룩하게 사용하는 힘은 기술이 아니다. 기도와 성령 충만함이 도구를 도구답게 만든다. 도구는 하나님과 더 가까워지는 데 쓰여야 한다. 도구가 말씀보다 앞설 수는 없다. 도구가 영성을 대체할 수도 없다.

"나는 매 순간 하나님과 뛰놀고, 노래하고, 거닐고 싶다. 사람들과 이야기 나누며, 쉬고, 걷고 싶다. 기도가 일상이요, 찬양이 나의 새소리다. 말씀을 연구하고 읽으며 눈물 흘리고 감격하는 것을 위해 나는 AI를 사용한다." 이 고백은 AI가 왜 존재해야 하는가, 그리고 어떻게 사용되어야 하는가에 대한 분명한 방향을 제시한다. AI는 내가 영적 삶과 사역의 본질에 더 깊이 집중할 수 있도록 시간을 벌어주고, 효율성을 높여주는 도구인 것이다.

AI를 선하게 사용하는 목회자란 누구일까? AI는 하나님이 주신 이성의 산물이다. 마치 물과 불처럼, 어떻게 사용하느냐, 누구의 손에 들려 있느냐가 중요하다. 하나님은 여전히 역사의 주인이시며, AI 또한 하나님의 섭리 안에 있는 도구다. "세상이 어떻게 변하든, 과학이 어디까지 발전하든, 나는 그 시대를 살아가는 현장에서 하나님이 주신 도구를 하나님의 나라와 뜻을 이 땅에 이루는 데 사용하겠다." 이것이 나의 결단이자 비전이다.

◎ 도구는 당신의 손에 있다

도구는 본질이 아니다. 도구는 복음을 전하는 데 필요한 마차일 뿐이다. 그 마차에 실릴 것은 성령의 감동과 하나님의 말씀이어야 한다. 도구를 두려워하지 말라. 그러나 도구보다 하나님을 먼저 사랑하라. 그럴 때 당신의 손에 들린 AI는 가장 선하고, 가장 효과적인 말씀 사역의 도구가 될 것이다.

"두려워 말라. 도구는 도구일 뿐이다. 그러나 그 도구가 당신의 손에 들려 있다면, 그 손은 반드시 거룩해야 한다."

1-3. 당신의 손에 어떤 도구가 있는가

손에 들린 도구를 보면, 방향이 보인다. 성경은 종종 하나님이 사람의 손에 들려주신 도구를 주목한다. 모세의 손에 들린 지팡이, 다윗의 물매, 엘리사의 지팡이, 베드로의 그물. 그 도구들은 그저 단순한 도구가 아니었다. 하나님의 일을 위탁받은 통로이자, 하나님 나라를 세우기 위한 선택된 도구였다. 오늘 나의 손에는 무엇이 들려 있는가? 노트북, 마이크, 핸드폰, 성경, 구글 드라이브, AI, 자동차, 교회, 복지시설. 이것들은 단순한 장비가 아니라, 하나님이 내게 사명을 이루라고 맡기신 도구들이다.

◎ 지금 내 손에 들린 도구들 : 사명을 위한 위탁

노트북, 마이크, 핸드폰, 성경, 구글 드라이브, AI, 자동차, 교회, 복지시설 등 이 모든 것은 하나님이 도구로 내게 들려주신 것들이다. 단순히 내가 가진 것을 나열하는 것이 아니다. 앞의 물음은 하나님이 나에게 지금 어떤 사역을 맡기셨는지를 깊이 돌아보게 하는 질문이다.

돌아보면 시대마다 나의 손에 들린 도구는 바뀌었다. 과거에는 자동차가 가장 중요한 도구였다. 사람을 만나고, 심방하고, 돕는 데 발이 되어주었다. 한때는 문자메시지와 전화, 컴퓨터가 더 빠르고 효율적으로 사람들과의 관계를 이어주는 연결고리였다. 지금은 AI가 교회 사역지, 설교 준비, 콘텐츠 제작, 교재 개발, 조직 관리, 사역 협업까지 사역의 거의 모든 범위를 돕는 통합형 도구가 되었다. 그러나 이 모든 흐름에서도 도구가 향하는 방향은 하나였다—하나님 나라와 사람의 영혼.

◎ **사명을 확장할 도구, 지금 나의 손 안에 있다**

지금 하나님은 어떤 도구를 통해 우리에게 사명을 이루라고 하실까? AI와 방송, 책, 그리고 영성과 인성. 이 네 가지는 단지 기술적 도구가 아니라, 하나님이 이 시대의 목회자에게 들려주신 사명을 위한 세트다.

- AI는 복음과 콘텐츠를 효율적으로 확장할 수 있게 해준다.
- 방송은 말씀을 울려 퍼지게 하는 미디어 플랫폼이다.
- 책은 세대를 잇고, 진리를 기록하는 유산이다.
- 영성과 인성은 이 모든 도구를 올바르게 사용하는 근본이다.

도구는 손으로 다루지만, 방향은 마음과 영성으로 결정된다. 나는 무엇을 위해 이 도구들을 사용할 것인가?

나의 비전은 분명하다. 더 많은 책을 읽고, 하나님이 주신 통찰을 기록하여 출판하려고 한다. 사람을 만나며, 진리의 삶을 나누는 것이 내가 바라는 행복한 삶의 모습이다. 또 재정 기반을 세워 목회자와 청소년들을 돕는 사역기관을 확장하려는 꿈이 있다. 장학재단을 세워 사람을 키우고 후대를 준비하려는 소망도 있다. 내게 맡겨진 도구는 단지 콘텐츠 생산의 수단이 아니다. 그 도구들은 사람을 남기기 위한 도구, 하나님의 마음을 현실에 실현시키는 도구다.

◎ 당신의 손에 무엇이 들려 있는가?

하나님은 모세에게 물으셨다. "네 손에 있는 것이 무엇이냐?"(출 4:2). 그 지팡이 하나로 홍해가 갈라지고, 반석에서 물이 나오고, 기적이 일어났다. 오늘 하나님은 나에게도 물으신다. "지금 너의 손에 들려 있는 것이 무엇이냐?" 나는 이렇게 대답하고 싶다.

"주님, 내 손에 들려 있는 이 노트북과 마이크, 성경과 AI, 그리고 복지시설과 교회는 단지 장비가 아니라, 하나님의 나라를 이루기 위한 거룩한 도구입니다. 주님, 이 도구들을 가지고 사람을 살리고, 복음을 나누고, 다음 세대를 준비하게 하소서."

2. 왜 지금 목회자에게 AI인가

2-1. 시대의 흐름 : AI, 신학과 목회 사이

2023년 4월, '챗GPT'라는 이름을 처음 들었을 때, 나는 마음 한편에서 묘한 긴장과 기대를 동시에 느꼈다. 마치 21세기판 종교개혁이 기술의 이름으로 다가온 것 같았다. "AI가 하나님의 자리를 차지하려는 건 아닐까?" "AI가 설교를 대신하는 시대가 오면, 목회자는 무력해지는 것 아닐까?"

교계 안팎에서는 다양한 반응이 터져 나왔다. 어떤 이들은 "AI는 우상이 될 것이다", "AI는 사탄의 도구다"라고 말한 반면, "잘만 활용하면 목회자의 강력한 동역자가 될 것"이라는 희망 섞인 해석도 있었다.

그 혼란 속에서 나는 질문을 바꾸게 되었다. "이 기술을 어떻게 다스릴 수 있을까?" 마치 창세기 1장 28절의 말씀처럼….

하나님은 인간에게 세상을 다스릴 권한을 주셨다. AI도 창조 세계의 일부라면, 두려워할 대상이 아니라 다스려야 할 도구로 보아야 한다. 목회자인 나는 두려움과 함께 하나님 나라를 위해 이 도구를 먼저 잘 활용해야겠다는 사명감을 갖게 되었다.

2-2. AI가 목회 현장에 끼치는 영향

첫 활용은 작고 단순한 시작이었다. 설교 본문을 AI에게 설명하자 주석과 해석, 적용점까지 자동으로 정리되었다. 내가 가장 놀란 것은 그 속도와 논리력이었다.

- 설교의 디테일이 풍부해졌고
- 설교 준비 시간은 절반으로 줄었으며

● 독서와 성경 연구, 교재 집필까지 활용의 문이 열렸다.

하지만 동시에 깨달았다. 그렇게 완성된 설교 원고는 왠지 모르게 은혜가 부족하다는 것을. AI는 자료는 줄 수 있지만, 감동은 줄 수 없다는 것을. 사람의 영혼을 울리는 설교는 결국 기도의 자리에서 나온다는 것을.

그 이후 나는 사람과 기계의 협업이라는 균형을 찾게 되었다. AI는 비서처럼 데이터를 정리하고, 목회자는 기도와 묵상, 성령의 감동을 더해 설교를 완성하는 방식이다. 또한 AI가 제안한 내용은 반드시 출처를 검증했고, 교단 신학에 부합하는지, 적용이 실제적이며 감정과 이야기가 담겨 있는지를 점검하는 체크 리스트를 만들었다. 평소에 잘 할 수 없었던 설교와 관계된 논문을 찾아보거나 관련된 책과 통계들, 신학자들의 의견도 함께 찾아볼 수 있었다. 그러다 보니 자료가 정말 풍성해졌다.

이러한 검증 절차를 통해 AI가 준비한 초안은 목회자의 성찰과 성령의 인도를 거치며 진짜 생명력 있는 말씀으로 재탄생할 수 있었다.

2-3. 기술이 아닌 사람을 위한 도구로서의 AI

AI는 사람을 대체할 수 없다. 특히 하나님은 사람 중심이시다. 하나님은 우리가 서로 사랑하고, 가르치고, 동행하길 원하신다. 기술은 단지 사람들과의 더 깊은 관계에 이르게 하는 다리일 뿐이다.

AI는 나에게 시간을 선물해 주었다. 그 시간에 더 많은 사람과 대화하고, 산책하며, 웃고, 기도했다. AI는 설교를 대신하진 않았지만, 사람들과의 교제를 더욱 풍성하게 만드는 조력자가 되어 주었다.

미래 우리 교회의 모습을 상상해 본다. 목회자는 시대를 읽고 지식과 인격을 갖추며, 성도들은 매일 말씀을 묵상하고 찬양하며, 교회는 건물이나 규모보다 관계와 성숙으로 존중받는 공동체가 될 것이다. 그리고 그 중심에는 보이지 않는 곳에서 충실히 일하는 AI 비서와, 늘 기도하며 말씀을 좇는 목회자가 함께 있을 것이다.

AI는 목회자의 사역을 대신하지 않는다. 그러나 더 많은 기도와 사랑의 교제를 가능하게 해준다.

3.
목회자의 진짜
경쟁력 시대가 오다

3-1. 교회 건물이 아닌 영성과 인성으로

앞으로 목회자들은 이렇게 말할 것이다. "한때는 화려한 교회 건물이 그 교회의 수준을 말해주는 것처럼 여겨지던 시대가 있었다." 실제로 나 역시 지하 단칸방에서 교회를 개척하면서, "교회가 왜 이래?"라는 외면을 숱하게 받아왔다. 아무도 오고 싶어 하지 않았고, 심지어 신앙이 좋다는 사람조차 꺼렸다. 건물의 외형이 곧 목회자의 영성과 실력을 대변하는 듯한 시선은 가난한 사역자에게 깊은 상처를 남겼다.

그러나 시대는 변하고 있다. AI가 일상의 많은 영역을 대체하면서, 사람들은 점점 기계로는 채워지지 않는 정서와 인격, 관계를 그리워한다. 외형이 아닌 내면의 깊이와 따뜻함, 즉 '사람다움'을 다시 찾는 흐름이 생기고 있다. 그렇기에 이제는 화려한 건물이 아니라, 영성과 인성을 갖춘 목회자가 더 큰 경쟁력을 갖게 되는 시대가 다가오고 있다.

3-2. 학력이 아닌 실력으로

이전까지는 목회자의 학력, 특히 해외 유학과 영어 실력이 주목을 받았다. 나 역시 그런 조건을 갖추지 못했다는 이유로 외면당하고 평가절하된 적이 많았다. 하지만 점차 교회는 목회자의 외형이 아닌 내실을 보게 되었고, 성경을 얼마나 깊이 연구했는지, 어떤 삶의 통찰을 가지고 말씀을 나누는지, 얼마나 따뜻하고 단단한 인격을 가졌는지가 중요해지고 있다.

AI는 바로 이런 변화에 날개를 달아준다. 다국어 논문이나 외국의 신학 서적을 번역하고 요약하며, 방대한 자료를 빠르게 정리해 주기에 목회자는 시간 낭비 없이 실력을 갖출 수 있다. 이는 단순히 정보를 많이 아는 것이 아니라, 사고의 깊이와 방향성을 갖춘 '통찰력 있는 실력'을 만들어주는 밑거름이 된다.

실력 있는 목회자란 결국 영성, 지성, 인격을 갖추고 하나님과 동행하는 사람이다. 그리고 그런 실력은 꾸준한 성경 연구, 기도, 독서, 자기 성찰에서 길러진다.

3-3. 목회자가 진짜 집중해야 할 것들

AI는 목회자의 시간을 회복시켜주는 도구다. 반복적인 행정이나 자료 정리를 AI에게 맡기면, 목회자는 더 본질적인 일에 집중할 수 있다. 그 본질이란 이것이다.

- 성경을 더 깊고 넓게 연구하는 것
- 다양한 책과 관점을 통해 인식의 지평을 넓히는 것
- 사람들과 더 많이 만나고 교제하는 것
- 그리고 무엇보다 기도와 예배를 통해 하나님과 더욱 친밀해지

는 것

나는 매일을 '쉬지 않는 기도'의 루틴으로 살아가고 있다. 아침, 점심, 저녁뿐 아니라 순간마다 하나님의 이름을 부르며, 나의 시선을 하나님께 고정시키려는 훈련이다. 그렇게 하나님과 함께 호흡하며, 주어진 사명을 감당해 내고자 한다.

이러한 영성과 실력, 그리고 인성은 감춰두어서는 안 된다. 이제는 설교 영상, 출판, 블로그, 유튜브 등의 매체를 통해 성도들과 적극적으로 나누어야 한다. 내 사역과 말씀을 통해 누군가가 힘을 얻고, 위로를 얻고, 방향을 찾게 된다면 그것이 진짜 목회의 열매가 아니겠는가?

AI 시대에도 변하지 않는 단 하나의 기준이 있다면 그것은 바로 하나님을 사랑하고, 사람을 사랑하며, 그 사랑으로 말씀을 전하고 공동체를 섬기는 목회자다. 그 사람이야말로 시대를 이끌어갈 진짜 경쟁력을 가진 사람이다.

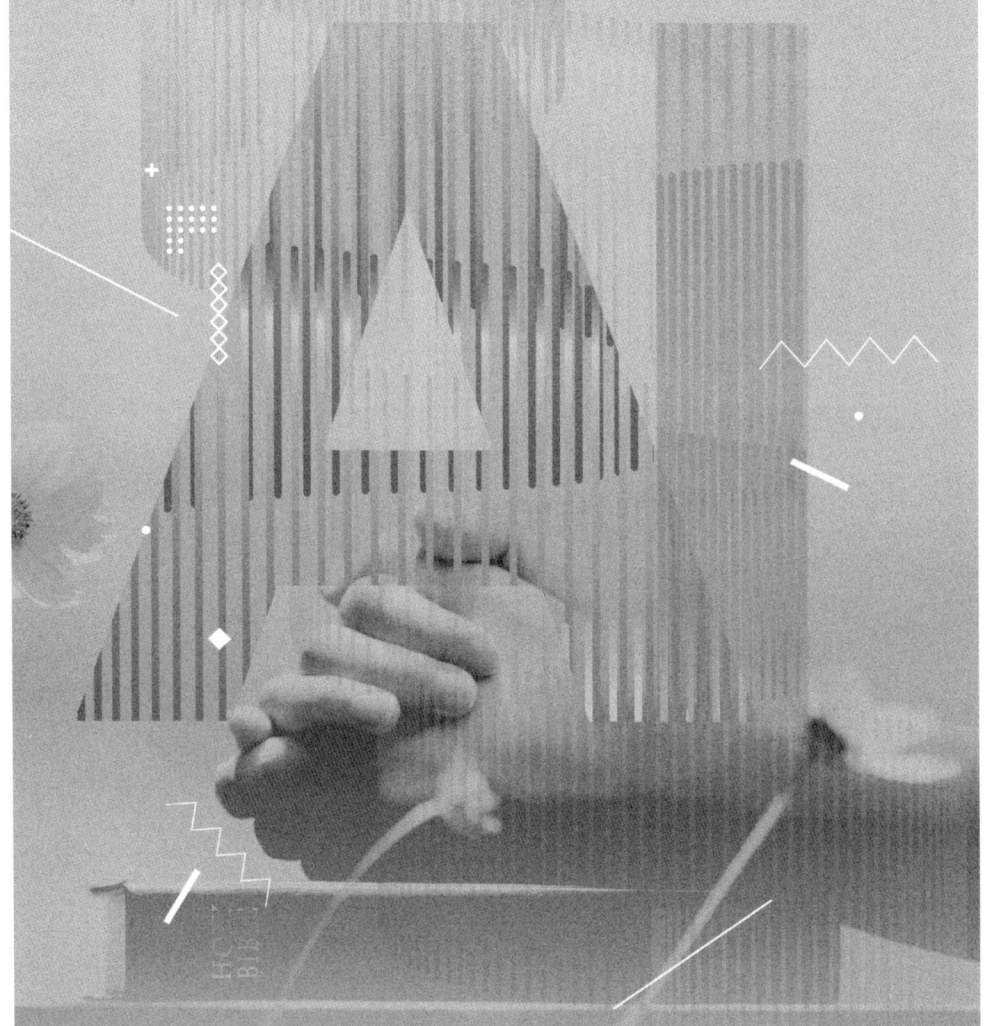

2장

설교, 기도 그리고 AI

1.
설교 준비,
AI와 함께하는 지혜의 여정

◎ 성경 본문 분석과 배경 연구

　목회자에게 설교를 준비하는 일은 단순한 말의 배열이 아니라, 하나님이 주시는 말씀을 공동체 안에서 풀어내는 중요한 사명이다. 특히 본문 연구는 이 사명의 기초 공사다. 성경 말씀 한 구절을 통해 시대를 관통하는 하나님의 메시지를 듣고, 그 말씀을 오늘을 살아가는 성도들의 삶에 어떻게 적용할 것인지를 고민하는 여정이다. 하지만 그 여정이 항상 여유롭고 평탄하지만은 않다. 목회자는 종종 예기치 않은 사역과 행정 업무에 쫓겨 충분한 성경 연구 시간을 확보하지 못하거나, 깊이 있는 자료 접근이 제한된 환경에 처한다.

이런 현실에서 AI는 새로운 동반자로 자리 잡을 수 있다. 나는 실제로 AI를 사용하면서 성경 본문 연구에 큰 도움을 받았다. 예를 들어, 이번 주일 설교 본문이 시편 23편이라고 했을 때, AI에게 본문 전체의 구조를 요약해 달라고 하면, 단락의 흐름과 시어의 반복, 강조점 등을 깔끔하게 정리해 준다. 그뿐 아니라, 고대 중동의 목자 문화, 다윗이 이 시를 쓴 당시의 배경, 그리고 신약에서 예수님이 자신을 목자라고 하신 말씀과의 연결까지 제안해 준다. 이런 통합적이고 연관된 정보를 짧은 시간에 얻게 되니, 관련된 논문과 책을 디비피아(DBpia)나 구글 스칼라에서 검색해서 찾아볼 수가 있다. 출처를 찾아 문서를 읽을 수 있으니 연구의 폭이 넓어지고 깊이가 생긴다.

AI는 성경 본문에 대한 주석을 요약하거나, 히브리어·헬라어 단어의 원뜻과 문맥 속 의미를 정리해 주는 데도 매우 유용하다. 물론 신학교 수준의 해석이나 깊은 신학적 논의까지 완전하게 대체할 수는 없다. 하지만 핵심 포인트를 빠르게 잡고, 그것을 바탕으로 더 깊은 연구로 나아갈 수 있도록 안내해 주는 디지털 사서로서의 기능은 매우 탁월하다.

더욱이 AI는 다국어 자료 접근에 큰 장점을 갖고 있다. 지금까지는 영어에 능숙하지 못하거나, 해외 논문과 원서에 접근하기 어려웠던 목회자가 많았다. 그러나 이제는 GPT 모델에게 독일어, 라틴어, 헬라어, 프랑스어로 된 자료를 입력하면 요약과 번역을 함께 제공받을 수 있다. 이것은 단지 번역기의 기능을 넘어, 내용의 핵심과 흐름까지 파악해 주는 차원이다. 예컨대 존 오웬, 요한 아우구스트 에버하르트, 칼 바르트, 본회퍼 같은 신학자들의 원문 사상을 요약으로 접할 수 있게 된 것이다.

나는 본문 연구에 AI를 활용하면서 예전에는 얻지 못했던 통찰을 자주 얻게 되었다. 그동안 수없이 설교해 왔던 마태복음 5장의 산상수훈도 AI와 함께 분석하다 보면 특정 단어가 갖는 문화적 뉘앙스, 구약과 연결된 함의, 유대 율법과의 대비점 등을 통해 새로운 설교 방향이 떠오른다. 마치 '낡았지만 새롭게 보이는' 시선으로 본문을 읽게 되는 것이다.

또한 AI는 단순 요약 외에도 설교자 자신이 묻지 않았던 질문까지 던져준다. 예를 들어, 마가복음의 어떤 구절을 연구할 때 나는 단지 구조적 흐름에 집중했지만, AI는 그 구절이 다른 복음서에서는 어떻게 다루어졌는지, 같은 사건을 기술할 때 사용된 단어의 차이가 무엇인지까지 분석해 알려주었다. 이런 질문들은 나를 더 깊은 묵상으로 이끌었고, 결과적으로 설교의 밀도도 달라지게 되었다.

물론 주의할 점도 있다. AI가 제공하는 자료는 어디까지나 '제안'이다. 성령의 인도하심 없이 AI의 논리만 따라가면, 그 설교는 교훈은 있을지언정 생명력은 부족하다. 따라서 AI의 분석을 기초로 삼되 반드시 기도와 묵상, 공동체의 필요에 대한 이해에서 재해석하는 과정이 필요하다.

나는 AI를 '기초 설계도면'을 그려주는 조력자로 이해한다. 설교자는 하나님과 소통하며 그 설계도면을 구체화하고 그 위에 벽돌을 쌓고, 창문을 만들고, 빛과 온기를 담는 일 곧 성령의 감동과 사람을 향한 사랑을 설교에 담는 일을 해야 한다. 그렇게 할 때, AI는 목회자의 설교 준비 시간을 줄여주는 도구를 넘어, 설교의 깊이와 방향 설정을 도와주는 '지혜의 엔진'이 된다.

또 하나의 유익은 속도다. 예를 들어, 심방과 다른 사역 준비로 설교 준비 시간이 주중에 많이 확보되지 않은 경우, AI에게 이번 본문에 대해 '학자들의 해석 견해 요약', '적용 포인트 3가지 정리', '관련 구절 5개 추천', '참고도서 5권 추천' 등을 요청하면 1분 내로 상당한 기초 자료가 제공된다. 이는 설교자가 다시금 본문과 삶을 연결하는 작업에 더 많은 시간을 쓸 수 있도록 여유를 확보해 준다.

마지막으로 AI는 '물어보는 훈련'을 가능하게 해준다. 설교자 스스로 던져야 할 묵상 질문, 예를 들어 '이 본문은 오늘 성도들의 무엇을 회복시키려 하는가?', '내가 이 본문 안에서 회개해야 할 지점은 어디인가?', '복음은 이 본문에서 어떻게 선명해지는가?' 등을 AI가 미리 제안해 주기도 한다. 결국 AI는 설교자 자신을 말씀 앞에 세우는 거울이 되어줄 가능성까지 품고 있다.

또한 내가 상상하는 AI 설교 도구의 미래는 더욱 확장될 수 있다. 예를 들어, 내가 설교의 멘토로 삼고 싶은 유명 목회자의 챗봇을 만들어, 그 스타일에 맞는 설교 조언을 받을 수 있다면 어떨까? 혹은 나의 설교 원문 10편 이상을 AI에 학습시켜 나의 설교 스타일을 분석하고, 더 효과적으로 전달되도록 수정 방향을 제안받을 수 있다면 어떨까? AI는 단순한 정보 검색을 넘어, 나의 설교 여정을 함께 훈련하고 성장시키는 설교 동역자가 될 수 있다.

이러한 과정들을 통해 알 수 있는 것은 AI는 결코 설교를 대신하지 않는다는 점이다. 그러나 AI는 설교를 준비하는 목회자의 지성과 인격, 영성의 성장을 도우며, 말씀을 준비하는 시간을 더 깊은 곳으로 이끌어주는 보이지 않는 동역자가 되어줄 수 있다.

2.
설교자의 새벽, AI 비서와의 동행
: "하나님, 이번 주엔 뭘 전해야 할까요?"

　설교를 준비하는 목회자로서 가장 어려운 순간은, 이번 주 우리 성도들에게 어떤 말씀을 전해야 하는지 본문과 제목조차 잡지 못할 때다. 모든 것이 흐릿하고 막막한 그 시간, 진정한 영적 고민의 터널을 지나게 된다. 그리고 본문과 제목이 결정되었다 해도, 그 말씀을 어떻게 구조화하여 성도들의 마음에 깊이 새길 수 있을지 막막할 때도 큰 어려움을 느낀다. 설교는 단순히 정보의 나열이 아니라, 하나님의 마음을 깊이 캐내고 정리해 가는 영적인 여정이라는 것을 매번 깨닫는다.

◎ 나의 설교 스타일 : 핵심을 꿰뚫고 감동을 담다

나는 주로 두괄식 설교를 한다. 핵심 메시지를 맨 앞에 명확히 제시하여 성도들이 설교의 핵심을 놓치지 않도록 돕는다. 그리고 3포인트 중심의 설교로 명확한 구조와 흐름을 제공하여 이해도를 높인다. 특히 설교 중 사용하는 예화에는 '갈등-전개-해결'의 서사 구조를 포함시켜 성도들의 몰입도와 이해력을 향상시키려 노력한다. 이 조합은 청중의 이해와 감정적 반응을 동시에 이끌어내는 매우 효과적인 방식이라고 생각한다. AI와 함께 설교를 준비할 때도, 이 틀을 기준으로 개요와 예화를 맞춤화할 수 있다.

◎ 예화, 영혼의 창문을 여는 도구

설교에 사용할 예화를 찾을 때, 가장 우선적인 경로는 나의 직접적인 경험이다. 나의 삶에서 하나님을 만나고 말씀을 깨달은 순간들은 가장 진정성 있는 예화가 된다. 다음으로는 성경에서 예화를 발견한다. 성경 인물들의 삶과 그들의 고백은 설교의 영적 권위와 메시지를 강화하는 데 필수적이다. 그 외에는 지인들에게 들은 이야기를 통해 공동체적인 공감을 이끌어내고, 책이나 인터넷 자료를 통해 시대성과 확장성을 더한다. 요즘에는 AI를 통해 검색하거나 비슷한 사례를 만들기도 한다. "이 구조에 맞는 실제 사례를 하나 만들어 줘"와 같은 요청은 AI 예화 생성을 더욱 정확하게 만들어준다.

AI가 제안한 예화를 사용해 본 경험도 있다. 하지만 AI가 만든 예화는 종종 건조하고, 의미 전달에 치중되어 있다는 한계가 느껴진다. 성도들이 감동을 받는, 즉 울거나 웃거나 충격을 받을 만한 스토리, 드라마와 같은 스토리가 필요한데, AI는 정해진 토큰 사용 때문인지 스토리가 약한 듯하다. 감정선이 부족하여 영혼을 깊이 움직이기에는 아쉬움이 있었다. 이 부분은 향후 AI 활용 시, "이 예화를 더 극적으로, 더 감동적으로 만들고, 실제 대화처럼 풀어줘"와 같이 감성 강화 프롬프트를 함께 써야 보완할 수 있을 것으로 보인다.

나의 경우 설교에서 '이 예화는 정말 잘 통했다!'고 기억에 남아 있는 예화는 성경의 예화에 역사적인 인물이나 사회적인 실제 인물의 이야기를 연결하여 사용했을 때였다. 성경 본문과 실제 역사·사회적 인물을 연결한 예화는 영적인 권위와 현실적인 신뢰를 동시에 제공하며, 성도들의 공감과 감정을 증폭시키는 데 매우 효과적이다. 예를 들어, '다윗의 고백'과 '찰스 스펄전의 고뇌'를 연결하거나, '욥의 인내'를 '한국 전쟁 속 기독 병사의 기도'와 연결하는 것처럼, 성경과 시대를 연결하는 설교 구조는 성도들에게 강력한 인상을 남긴다. AI를 활용할 때도 '이 본문에 맞는 성경 인물과 역사적 실존 인물이 조합된 예화 추천' 요청하면 효과적일 것이다.

◎ AI 비서, 나의 설교를 돕다

나는 설교 개요를 짤 때, AI에게 요청해 본 경험이 있다. 새로운 프로젝트에 대한 지침을 마련해 기록하고, 나의 설교 스타일을 자료로 주면, AI는 요구하는 대로 설교의 개요를 만들어준다. 이는 AI에게 나의 설교 스타일을 미리 학습시키고, 그에 맞춰 설교 개요를 작성하도록 요청하는, AI를 설교 비서로 훈련시키는 단계에 들어선 것이다. 다만 단점은 너무 짧다는 것이었다. 이 문제는 "3포인트 개요를 길게, 각 포인트마다 구절과 논리 해설 포함해 줘", "각 포인트에 적용 질문 2개, 예화 1개씩 포함해 줘", "설교 분량 2,000자 기준으로 개요 확장해 줘"와 같이 AI에게 글의 구성을 더 구체적으로 명확히 요청하면 어느 정도 해결된다.

설교 개요를 다 짜고 나서, '이 흐름이 맞는 걸까?', '이 구조가 효과적일까?' 하고 점검하거나 수정하기도 했다. 나의 점검 내용은 '성도들이 들었을 때 어떻게 반응할까? 어떤 점에서 어려워할까?' 하는 청중의 반응적인 부분이다. 이것은 단순히 말씀을 잘 전하는 것을 넘어, 듣는 사람을 진심 어린 마음으로 배려하는 것이다. 성도들의 입장에서 이 흐름이 이해하기 쉬울지, 어느 포인트에서 막힐지, 감정이입과 적용 포인트가 과연 삶과 연결될지 등을 살핀다. AI에게도 "성도 입장에서 피드백해 줘" 또는 "이 설교 구조에서 막히는 부분 지적해 줘"라고 요청하면 도움이 될 것이다.

설교에서 적용 포인트를 정할 때 가장 고민되는 점은 세 가지다. 첫째, 하나님이 말씀하시고자 하는 메시지가 성도들에게 제대로 전달되었을까? 둘째, 성도들이 말씀을 깨달음으로 은혜를 받고 새 힘을 얻어 삶에 실천할 수 있을까? 셋째, 나는 하나님이 이들을 위해 이 모든 것을 도와주시도록 충분히 기도하고 있는가? 나의 설교 적용은 단지 "실천하라"는 지시가 아니라, 하나님의 메시지가 온전히 전달되고 성도들이 그 말씀에 은혜를 받고 삶에서 실천할 수 있도록, 그들을 위해 기도로 뒷받침하는 목회적 돌봄까지 포함한다. "적용은 말로 끝나지 않고, 설교자 안에서 기도로 완성된다." 이것은 나의 설교 철학을 담은 고백이다.

◦ AI, 설교를 위한 꿈의 비서

AI가 설교 개요나 예화 작성을 도와주는 '비서'라면, 나는 다음 역할까지 기대한다. 물론 지금도 가능하지만, 좀더 유능해지면 좋을 듯하다.

첫째, 설교의 내용을 각색해서 소설처럼 서술해 주는 '스토리텔링본'을 만들어주면 좋겠다. 설교 본문을 중심으로 등장인물, 상황, 감정을 입체화하고, 장면을 묘사하며, 대화체로 서술하면, 청중의 몰입도를 극대화할 수 있을 것이다. 이는 유튜브 쿠티 영상이나 어린이 설교, 일상적 적용 설교에 매우 적합할 것이다.

둘째, 본문 구조 분석, 원어 해석, 시대 배경 정리를 비롯해 각 절마다 핵심 메시지를 적용 질문으로 이어주는 '강해 설교본'을 제공해 주면 좋겠다. 이는 교리 중심 설교나 신학적 전달이 중요한 주일 강단 설교에 적합할 것이다.

셋째, 본문의 핵심 메시지를 한두 줄로 요약하고, 개요를 소제목 3개로 정리한 '요약 설교본'을 작성해 주면 좋겠다. 이는 SNS 설교 카드, 주보, 숏츠 영상 제작에 유용할 것이다.

이렇게 구성된 AI 도구는 곧 '설교자 맞춤 AI 프롬프트 세트'로 발전할 수 있을 것이라 기대한다.

◎ AI의 한계와 설교자의 진정성

AI에게 설교 피드백을 받는 것에 대해 심리적 거부감을 느끼는 것이 사실이다. 설교는 문장과 발표만으로 평가할 수 있는 것이 아니라, 현장에서의 하나님의 역사가 반드시 필요하기 때문이다. AI는 사람의 혼에 관한 부분인 지성 또는 감성은 자극할 수 있으나, 영을 움직이게 하는 것은 오직 성령이다. 따라서 설교자의 영성, 인성, 실력이 복합적으로 갖추어져야 하는데, AI는 아직 이러한 복합적인 요소를 모른다고 보기에 나는 AI에게 피드백을 받는 것이 불편하다. 다만, 구조와 문서, 스타일 변경을 위해서는 도움을 받는다. 설교는 혼(감성), 지(논리), 영(성령)과 관련된 복합적인 것이며, 설교자의 영성과 인성과 실력이 함께 작동할 때 비로소 완성된다. AI는 그 중 일부(문서, 구조, 표현)는 도와줄 수 있으나, 설교의 본질을 대체할 수는 없다는 것이 나의 영적이고 신학적인 판단이다.

◉ 동료 목회자들에게 전하는 AI 활용 팁

설교에 AI를 더 적극적으로 활용해 보려는 동료 목회자들이 있다면, 가장 먼저 권하고 싶은 사용법은 '나의 설교 스타일 학습시키기'다. AI에게 자신의 설교 여러 편을 학습시킨 후, "내 설교의 약점은 무엇인가?", "어떻게 하면 더 강력한 메시지가 될 수 있는가?"라고 질문해 보는 것이다. AI는 서론의 감정 몰입 부족, 예화의 부적절한 분포, 적용 질문의 비현실성 등 아무도 솔직하게 말해주지 않았던 약점들을 객관적으로 짚어줄 것이다.

또한, "성도 입장에서 피드백해 줘" 또는 "이 설교 구조에서 막히는 부분 지적해 줘"와 같이 청중의 반응을 기준으로 설교 구조를 점검해 달라고 요청하는 것도 매우 효과적이다. 이는 단순한 지식 전달을 넘어, 듣는 사람을 향한 진심 어린 배려를 담은 설교를 만드는 데 도움이 될 것이다.

마지막으로, "이 본문에 맞는 성경 인물과 역사적 실존 인물이 조합된 예화 추천"과 같이 감동과 신뢰를 동시에 줄 수 있는 예화 작성을 요청하는 것도 좋다.

AI 피드백 기능을 개발하여 활용한다면, 예배 후 설교 요약 리포트 자동 발송과 함께 감정·흐름·적용 평가 피드백 카드가 가장 자연스럽게 활용될 수 있을 것이다. 이는 설교자가 AI의 기술적 도움을 받으면서도, AI가 설교의 영적인 영역을 침범하지 않게 하고 자신의 주권을 지킬 수 있는 가장 이상적인 방식일 것이다.

3.
설교 완성도 점검과 피드백 활용

AI는 설교의 흐름, 감정, 적용, 목적 등을 점검하고 피드백해 주는 파트너가 될 수 있다. 설교자는 이 피드백을 통해 하나님과 성도 앞에 더 정제된 설교를 할 수 있다.

설교는 단순히 정보를 전달하는 행위를 넘어, 하나님의 말씀을 살아있는 영으로 선포하는 거룩한 사명이다. 나는 설교 원고를 마무리할 때, 분량이나 감동 정도, 논리적 흐름, 대지 수, 그리고 적용까지 모두 포함되었는지 꼼꼼히 살핀다. 역사적 배경과 문화적 배경,

원어 분석과 강해도 빠지지 않았는지 확인한다. 하지만 여기서 끝이 아니다. 이 모든 것을 마친 후, 나는 '코람데오'(Coram Deo)의 자세로 이 설교와 제목을 가지고 깊은 묵상을 한다. 나의 논리가 아닌 주님의 마음이 이 설교에 온전히 담기기를 간절히 기도하는 시간, 이것이 바로 설교 완성의 핵심이다. AI가 결코 대체할 수 없는 설교자만의 영적 통과의례다.

◎ 설교 후 피드백, 영혼의 거울을 들여다보다

설교를 마친 후, 성도들에게 피드백을 받는 방식은 여러 가지다. 나는 말로 직접 듣는 것보다, 성도들의 '움직임'에서 더 많은 것을 느낀다. 예배를 마치고 성도들의 표정과 행동을 살피는 것이 나의 가장 중요한 피드백 방식이다. 그들이 더 헌신하려 하고, 더 봉사하려 하며, 더 낮아지는 모습을 보일 때, 그리고 얼굴에 기쁨과 평화가 가득할 때, 나는 그들이 말씀에서 은혜를 깊이 받았다는 것을 영적으로 감지한다. 이는 말없이 영적 직감으로 성도들의 마음 깊은 곳의 반응을 읽어내는 소중한 순간이다.

또한 유튜브에서 내 설교 영상을 다시 보며 스스로 피드백을 한다. 솔직히 말하면, 이 시간은 언제나 부끄럽고 지적 사항만 보이는 시간이다. '이 톤은 왜 이렇게 딱딱하지?', '제스처는 왜 이리 어색하지?', '감정을 끌어내려 소리만 지르는구나.' AI의 피드백 이전에, 나는 이미 나의 설교에 대해 날카롭고 정확한 비판자가 된다.

그리고 가장 정직하고 때로는 무서운 피드백은 가족, 특히 아내의 반응이다. 설교를 마치고 내려왔을 때, 아내가 웃지도 찡그리지도 않고 그저 고개를 한 번 끄덕일 때가 있다. 그 침묵에서 나는 아내가 전하는 모든 것을 듣는다. '너무 빨랐어', '결론에서 감정이 전달되지 않았어.' 말하지 않아도 나는 충분히 듣는다. 가족 평가는 설교자의 인격이 설교에 온전히 담겨 전달되었는지를 판단하는 가장 정직한 척도가 된다.

◎ 가장 소중한 피드백, "목사님, 제가 변하고 있어요"

긍정적이든 부정적이든, 나는 나와 가장 가까운 아내에게 직접적으로 피드백을 받는다. 하지만 그 어떤 말보다도 내 마음을 가장 깊이 흔들고 설교자로서 보람을 느끼게 하는 것은 성도들의 삶이 변하는 것을 직접 목격하는 것이다. "목사님, 제가 변하고 있어요." 이 한마디는 어떤 것보다 뜨겁고 묵직한 회심의 증거다. 성도가 하나님이 기뻐하는 삶을 스스로 선택하고, 그것이 행복하고 기쁘게 느껴진다고 고백할 때, 그것은 설교가 그들의 심령 속에 깊이 뿌리내려 살아있는 열매를 맺었다는 가장 확실한 증거다. 이 한마디는 설교자의 모든 눈물과 고뇌를 보상해 주는 하나님의 회심 증명서와도 같다.

◎ 나의 설교 약점, 그리고 가장 강력한 무기

설교의 흐름이나 내용 면에서 나의 가장 큰 약점이나 실수는 명확하다. 나는 발음이 그리 좋지 않다. 또한 감정을 적극적으로 끌어내야 할 때 종종 감정이 정제되지 못하고 소리만 지른다. 청중을 집중시킬 만한 제스처나 내러티브 표현력 또한 부족하다.

그럼에도 한 가지만은 확실하다. 나는 진심을 담아 설교한다. 그것이 내가 할 수 있는 최선이다. 진심은 조작할 수 없는 것이며, 사람의 마음을 가장 깊게 파고든다. 이 진심이야말로 나의 가장 강력한 무기이며, 나의 설교가 가진 유일한 힘이다.

◎ AI, 나의 영적 피드백 파트너를 꿈꾸다

　AI가 설교를 점검해 줄 수 있다면, 나는 다음 항목들을 점검받고 싶다. 설교 원고 완성 후에는 전체 논리 흐름과 대지 구조의 자연스러움, 그리고 예화의 적절성과 감정 흐름을 점검해 주면 좋을 것 같다. 설교 방송(영상) 이후에는 제스처, 표정, 톤, 말의 속도 등 비언어적인 요리에 대한 피드백과 함께 청중의 반응(집중도, 웃음, 눈물, 침묵 등) 분석, 그리고 내가 놓친 감정 전달의 타이밍을 알려주면 좋겠다.

　나는 단지 설교 원고 점검을 넘어, 설교 전체 퍼포먼스를 통합적으로 피드백해 주는 AI 코치를 꿈꾼다. 이 기능이 구현된다면, 수많은 목회자가 더 설득력 있고, 더 진정성 있는 설교자로 성장할 수 있을 것이다.

　실제로 노트북 LM을 통해 팟캐스트를 만들어본 적이 있다. 설교를 요약하고 긍정적인 부분을 정리해서 극대화한 것 같았다. 하지만 그 이상은 AI에게 점검받기 싫었다. AI는 늘 긍정적이고 구조적인 피드백만을 제공하기 때문이다. 설교는 구조와 흐름으로만 판단할 수 없다. 전하는 자의 영성, 인성, 그리고 성령의 역사가 있어야 한다. AI에게 "설교가 어땠어?"라고 묻는 것은 이러한 영적인 측면을 평가할 수 없는 한계 때문에 적절하지 않다고 생각한다. "설교는 구조가 아니라 생명이다. AI는 분석할 수는 있어도, 영적 감동을 분별하지는 못한다." 이 말은 AI 활용의 한계와 나의 영적 주권을 선포하는 나의 분명한 신앙 고백이다.

◎ 설교의 열매, 삶의 변화에서 확인하다

설교가 성도의 삶에 실제로 적용되었는지 확인하는 가장 확실한 방법은 그들의 삶의 간증과 변화된 행동이다. 말로 피드백을 듣기보다, 그들이 삶으로 하나님께 반응하고, 자발적으로 하나님의 마음에 합한 선택을 하며, 그것이 그들에게 진정한 행복과 기쁨이 될 때, 나는 설교의 실현을 본다. 이는 '해야 하니까'가 아니라 '기쁘니까' 그렇게 살기로 선택한 영혼들의 고백이다. 성도들의 행동이 바뀌었을 때, 나는 설교의 응답을 듣는다. 그 순간이 바로 설교가 심령 속에 깊이 뿌리내린 증거이자, 목회자로서 가장 큰 감사와 보람을 느끼는 순간이다.

내 설교가 좋아졌다고 느낀 시기는 바로 이러한 사람들의 실제 반응과 유튜브 구독자 수가 홍보하지 않았음에도 하나씩 늘어나는 것을 보았을 때였다. 이는 단순한 인기의 지표가 아니라, 하나님의 말씀에 반응하는 영혼들의 자취이자, 부족한 나를 통해 하나님께서 친히 일하고 계신다는 영적 실력의 외적 증명과 같다. "설교는 광고 없이도 전파된다. 생명력 있는 설교는 생명력 있는 사람을 부른다."

◎ AI 피드백, 미래의 자연스러운 동반자

AI 피드백 기능이 현실화된다면, 설교자들이 가장 자연스럽게 활용할 수 있는 형태는 예배 후 설교 요약 리포트 자동 발송과 함께 감정·흐름·적용 평가 피드백 카드가 제공되는 것이다. 설교자 맞춤 스타일 분석 리포트와 1분 하이라이트 자동 요약 기능도 유용할 것이다. 이러한 형태는 설교자가 AI의 기술적 도움을 받으면서도, 설교의 영적인 영역을 침범받지 않고 자신의 주권을 지킬 수 있는 가장 이상적인 방식이라고 생각한다.

나는 이제 안다. 설교자는 완벽을 추구하는 자가 아니라, 오직 하나님과 함께 걷는 자여야 한다는 것을. 설교에서 구조는 중요하고, 예화는 감동을 준다. AI는 기술적인 점검을 도와준다. 그러나 영혼은 논리로 움직이지 않는다. 영혼은 오직 기도로 움직인다. 성령의 역사만이 사람의 마음을 변화시키고, 삶의 방향을 바꿀 수 있다. 그래서 나는 오늘도 설교 원고를 저장한 뒤 조용히 눈을 감고 고백한다.

"주님, 이 설교에 주님의 숨결이 닿을 수 있도록 내 자신부터 다시 낮아지게 하소서."

3장

상담, 양육 그리고 AI

1.
상담과 양육,
AI와 함께하는 목회 사역

AI는 상담 내용을 요약하고, 케어 리포트를 정리하며, 목회자가 잊지 않고 성도를 지속적으로 돌보게 도와주는 조력자가 될 수 있다.

◎ 상담 자료 및 케어 리포트 자동화 : AI, 돌봄 조력자

성도를 돌보는 일은 목회자의 가장 중요한 사명이다. 지금까지 성도와의 상담 내용을 기록하고 정리하는 방식은 특별히 정해진 것이

없었다. 그러나 복지 시설에 있는 아동과 청소년들을 위한 상담 프로그램에서는 달랐다. 다중지능, 에니어그램, MBTI, 지문적성검사 등의 챗봇을 만들어 아이들과 부모들의 상담에 적용하고, 그 리포트를 구글 드라이브에 보관하며 활용했다. 나는 이처럼 AI 기반 상담 자료 정리 자동화의 초기 실전 경험을 이미 갖고 있었다. 이 경험은 AI 리포트를 성도 돌봄으로 확장하는 데 큰 가능성을 보여주었다.

◎ 기억의 한계, 놓쳐버린 영혼의 이야기

상담 내용이 많아질 때, 잊지 않고 다시 돌아봐야 하는 경우, 주로 머리로 기억하고 노트에 간단히 메모를 남기려 노력했다. 상황, 감정, 표정 등 직관적인 정보는 머릿속에 저장하고, 중요한 내용은 날짜나 핵심 단어 위주로 기록했다. 하지만 이러한 방식은 영적 직감과 인간적인 따뜻함이 강점이지만, 여러 명의 성도를 지속적으로 돌볼 때는 한계가 명확했다. 기록이 누락될 위험이 컸고, 필요할 때 다시 찾아보기가 어려웠다. 기억에 의존하던 목회는 기록 기반의 지속적인 돌봄으로 전환되어야 한다는 것을 절감했다.

가장 기억에 남는 상담은 암 투병 중이던 환자와의 만남이었다.

암이 전이된 그는 신앙이 깊지 않았다. 치료될 것이라는 믿음보다는 붙잡을 많은 지푸라기 가운데 하나를 더 잡은 것 같은 말씀을 가지고 있었다. 가족들은 그가 치료될 것이라는 강력한 확신을 원했지만, 하나님은 나에게 그런 믿음을 주지 않았다. 나는 그저 "하나님은 전능하십니다. 우리 기도합시다"라고 말하는 것이 전부였다. 그리고 열심히 기도했다. 최선을 다해 그와 가족들을 섬겼다. 그러던 어느 날 그를 위해 기도하던 중 갑자기 생각이 나서 안부차 전화를 했다. "여보세요?" 그런데 환자는 조심스럽고 작은 나의 목소리에 "왜 전화하셨어요?"라며 호통을 쳤다. 그 외침에 나의 마음은 무너져 내렸다. '하나님, 이분을 어떻게 도울 수 있을까요? 어떻게 상담할 수 있을까요?' 환자에 대한 정보가 아무것도 생각나지 않았다. 하늘만 바라보며 나는 무력감에 빠졌다. 상담자로서 나의 무력함과 기도의 간절함이 교차하던 순간이었다. 동시에 AI나 기록 시스템이 감당할 수 없는 인간적·영적 실존의 깊이를 보여주는 사건이었다.

성도와의 상담 후 '이런 내용을 정리해둘 수 있다면 좋을 텐데'라고 생각한 적이 많았다. 하지만 방법은 복잡했고, 그럴 만한 시간도 없었다. 교회 사역과 복지사업의 이중직을 가지고 있었기에, 평일에도 돌봐야 할 사람이 많았다. 사람들을 만날 시간은 많았지만, 그것을 서류로 남기는 데 시간을 투자할 수는 없었다. 그러던 어느 날, AI가 상담을 요약하고 정리해 주는 기능을 보고 외쳤다. "유레카!" 나에게 정말 필요했던 것은 바로 이것이었다. 돌봄은 많았지만, 그 내용을 정리할 시간이 없었던 목회자에게 AI는 '기억의 비서'가 되어 준 것이다.

◎ AI, 나의 상담 관리 시스템을 설계하다

성도와의 상담 중 반복적으로 듣는 고민이나 주제는 다양했다. 가정 문제(부부 또는 부모와 자녀의 갈등, 소외), 진로 문제(청년의 진로 선택, 중년의 진로 혼란), 중독과 습관(스마트폰, 음란물, 도박, 폭력, 감정 조절), 신앙 침체(기도 중단, 예배 매너리즘, 공동체 단절), 시기, 질투, 용서(공동체 내 비교, 관계 파괴), 관계 갈등(동역자, 직장 동료, 교회 안의 긴장), 그리고 자기 자신의 고집과 매너리즘에 빠진 문제 등이다. 상담할 때마다 이 주제들이 반복적으로 나타났다. 그런데 AI가 그 패턴을 기억하고 정리해 주어 상담의 흐름을 파악하는 데 큰 도움을 주는 것이다.

AI가 상담 내용을 요약해 케어 리포트로 정리해 준다면, 다음과 같은 핵심 기능들로 큰 유익을 얻을 것이다.

● 상담 요약 정리: 상담 내용을 세 문장으로 요약하여 핵심 흐름을 한눈에 파악한다. 이는 상담 직후 기억을 정리하고 다음에 상담을 복기하는 데 효과적이다.

● 감정 변화 추적: 성도의 감정 변화(예: 두려움 → 평안)를 기록하여 반복 상담 시 마음의 움직임을 추적한다.

● 핵심 주제 태깅: 자동으로 '가정', '진로', '신앙 침체' 등의 주제로 태깅하여 주제별 상담 이력을 정리하고 분류한다.

● 기도 제목 아카이빙: 성도가 말한 기도 제목을 날짜별로 모아 정리하여 중보기도에 활용하고, 나중에 응답 여부를 확인한다.

● 후속 케어 리마인더: 일정 기간 후 "이 성도를 다시 케어하세요" 등의 알림을 통해 관계가 끊어지는 것을 방지하고 지속적인 돌봄을 가능하게 한다.

상담 이후 후속 케어를 이어가는 데는 여러 가지 어려움이 있다. 주로 상담 내용을 잊고 지나치는 경우가 많고, 바쁜 일정에 따라 연락이 미뤄지기도 한다. 성도가 먼저 연락하지 않으면 관계가 점점 기억의 그림자 속으로 사라진다. 무엇보다 성도가 예배에 자주 참석하지 않으면 단절이 깊어진다. 예배는 설교를 통한 치유와 회복의 시간인데, 자주 참석하지 않으면 설교의 누적 효과가 사라져, 결국 상담의 근본적 해결책인 말씀과 공동체의 힘이 소멸된다. 이 모든 상황은 목회자에게 미안함, 책임감, 그리고 무력감을 동시에 안긴다. AI 리마인드 기능은 단순히 편리함을 넘어, 후속 돌봄을 놓치지 않기 위한 영적 알람으로 기능할 수 있음을 보여준다. 이제 곧 이런 기능이 만들어질 것이다.

◎ AI, 목회자의 시간과 영혼을 회복시키다

개인별 상담 정리나 감정 변화 추적 기능이 AI를 통해 자동화된다면, 목회 현장에서 다각적으로 활용할 수 있을 것이다. 성도의 상태에 따른 회복 단계별 맞춤 돌봄 제안이 가능해진다. AI가 '혼란기', '진단기', '회복기', '비전기'와 같이 단계를 분류하고, 단계별 말씀, 기도, 실천 방향을 제안한다. 기도 제목의 흐름을 추적하여 초기 요청부터 응답까지 AI가 기도 여정을 기록하고, 성도에게 "하나님이 응답하고 계십니다"라는 과정의 기록을 제공할 수 있다. 또한 리더와의 팀 사역에 활용하여 소그룹이나 중보기도 리더와 상담 요점, 기도 제목 요약본을 공유함으로써 공동체 중심의 돌봄으로 발전시킬 수 있다.

더 나아가 AI를 활용한 루틴 메시지 설계를 통해 문제 유형과 감정 상태를 기반으로 찬양, 말씀, 맞춤 기도문을 준비할 수 있다. 그 후 개별적으로 SNS 메시지 형태로 발송하는 루틴을 만들 수 있다. 예를 들어, 목회자가 "김○○ 성도님, 요즘 지치지 않으세요? 아래 찬양과 말씀으로 오늘 하루 위로받으시길 바랍니다"와 같은 메시지를 기도하는 마음으로 보내는 것이다. 이러한 시스템은 단순한 AI 자동화를 넘어 성령의 위로를 전하는 디지털 목양 루틴으로 발전할 수 있다.

AI가 성도별 케어 리포트를 자동으로 만들어준다면, 목회자의 시간 관리와 정서에 엄청난 변화가 생길 것이다. 삶과 사역에서 주님께 집중하며 함께 대화하는 시간이 많아지고, 성경을 연구하고 원서를 볼 수 있는 시간이 많아진다. 이는 설교와 교육, 양육을 더 깊고 풍성하게 만들 것이다. 또한 사람들과 함께 만나 동아리와 조직을 만들어 공동체를 이루어내는 데 더 집중할 수 있게 된다. AI가 행정과 기록을 담당하면, 목회자는 목회의 본질인 사람과 하나님께 집중할 수 있게 되는 것이다. 즉, AI는 시간 내용을 줄여주는 기술이 아니라, 사람과 하나님을 위한 시간을 회복하는 도구가 된다. "AI는 손을 대신하고, 나는 무릎을 꿇는다"라는 고백처럼, AI는 목회자의 영적 여백을 선물한다.

◎ 목회자의 핵심 가치 : 문제 해결을 넘어 주님과 동행하는 힘

성도를 돌보는 데서 내가 가장 중요하게 여기는 목회적 가치는 함께 기도하고, 말씀을 믿음으로 문제의 해결점을 찾고, 스스로 강하고 담대할 수 있는 길을 제시해 주어, 주님과 동행하는 삶을 살아가면서 문제가 문제가 아닐 수 있는 맷집을 만드는 것이다. 단순히 문제를 없애주는 것이 아니라, 문제가 문제 되지 않는 내공을 갖게 하는 것이다. 그 내공은 결국 주님과의 동행에서 나온다.

이것이 AI가 결코 대신할 수 없는 목회자의 자리다. 목회자는 단순히 데이터를 관리하는 자가 아니라, 함께 걷는 동행자이며, 기도로 울어주는 친구이고, 말씀으로 손을 잡아주는 형제다. AI는 나의 부족한 기억력을 보완하고 효율성을 높여주지만, 성도를 사랑하고 그와 함께 삶을 걷는 일은 여전히 목회자인 나의 몫이며, 나의 가장 큰 사명이다.

2.
양육 교재 제작과 학습 추적
: AI는 나의 성장 도구

AI는 성도 양육에서 교재 제작, 커리큘럼 구성, 개인별 진도 추적까지 돕는 강력한 도구다. 단, 목회자는 교리적 적합성, 적용의 실제성, 영성의 깊이를 직접 점검해야 한다.

양육 사역은 성도들의 신앙 성장에 필수적인 과정이다. 지금까지 양육 교재나 훈련 자료의 90%는 기존의 기성 제품을 사용해 왔다. 이는 시간 절약과 검증된 자료의 안정감 때문이었다. 나머지 10%는 내가 직접 설교한 설교문을 정리하여 교재로 만들었다. 이는 성도들에게 더 현장 밀착형 적용이 가능하고, 설교 주제와의 일관성을 유지하며, 교회의 흐름과 연결되는 강점이 있었다. 이 두 가지 방식을 함께 사용하는 것은 많은 목회자가 공감할 수 있는 현실적인 접근이라고 생각한다.

◎ 교재 제작의 어려움, 목회 철학을 구조화하는 고뇌

교재를 만들 때 어려운 부분은 늘 존재했다. 큰 주제에서 목차를 잘게 나누는 것은, 전체적인 주제는 있지만 소주제로 세분화하는 과정이 어려워 흐름이 뚝뚝 끊기거나 연결성이 약해지는 경우가 많았다. 단계별 훈련 흐름을 설계하는 것도 고민이었다. 초신자부터 중급자, 리더 훈련까지 어떤 순서로 교육해야 가장 효과적일지 막막할 때가 많았다.

또한 성경 본문과 실생활 적용을 연결하는 것은 항상 민감하고 힘든 부분이었다. 본문 말씀은 좋지만, 성도들의 삶에 깊이 녹여내기는 어렵다는 한계를 느꼈다. 특히 예화 선택은 매우 중요했다. 다른 본문이지만 반복적으로 교육하여 신앙을 체득할 수 있는 시스템을 구축하는 것도 쉽지 않았고, 초신자용, 리더용, 청소년용 등 수준별 교재 제작의 어려움도 커 실제 적용성이 낮은 경우가 많았다. 이러한 고민들은 단순한 교재 제작을 넘어, '목회 철학을 어떻게 구체적인 양육으로 구조화할 것인가'에 대한 것이었다.

◎ 성공과 실패에서 배운 교훈 : '함께하는 구조'의 중요성

과거 양육 경험 중 잘되었던 사례는 매일 함께 지낼 수 있는 구조가 있었을 때였다. 공부를 통해 함께할 수 있는 학생들이나 대안학교, 학원 등의 구조, 그리고 직업을 매개체로 하여 매일 함께 말씀을 읽고 기도할 수 있는 공동체를 통해서는 서로 소통이 활발하게 이루어졌기 때문에 성공적으로 양육이 진행될 수 있었다. 자연스럽게 말씀과 기도, 신앙적인 대화가 일상에 스며드는 환경이 조성되었다. 일과 신앙이 분리되지 않고 연결되는 구조에서 함께 일하고, 쉬고, 예배드리며 하루의 모든 순간이 양육의 기회가 되었다. 핵심 성공 요인은 '거리를 좁히는 구조'와 '자주 만나고, 반복적으로 삶을 나눌 수 있는 규칙성'이었다.

반면, 실패 요인은 개인주의적인 사회와 시스템에서 봉사하고 섬기는 자리에 사람들을 모으는 것이 쉽지 않다는 점에 있었다. 각자

도생의 문화에서 자발적인 모임 형성이 어려웠고, '자리가 있으면 사람이 모인다'는 공식이 깨졌다. 신앙은 함께하는 것이기에, 함께할 시간이 사라지는 사회 구조가 양육의 큰 장애 요인이었다. 이는 "시간이 없다"는 말에 감춰진 영적 우선순위의 변화를 보여주었다. 이 경험은 AI 양육 시스템을 설계할 때, 단지 콘텐츠가 아니라 소통 구조와 만남의 규칙성까지 포함시켜야 한다는 중요한 교훈을 준다.

◎ AI로 제작한 교재, 쌍방향 소통을 꿈꾸다

AI로 제작한 교재는 PDF 교안, 영상 큐티, 질문지/워크북, 설문 응답형 대화, 오디오/팟캐스트형 등 다양한 형식을 사용하고 있다. 이들 중 가장 효과적이라고 느낀 것은 일방적이지 않은 설문 응답형 대화와 PDF 교안이다.

설문 응답형 대화는 상호작용이 중심이 되어 '나만의 답'을 쓰게 함으로 내적 각성을 촉진한다. AI도 활용 가능하고, 목회자도 피드백이 가능하기 때문에 매우 유용하다. PDF 교안은 체계적인 정리와 기록이 가능하며, 인쇄 및 보관이 용이하다는 장점이 있다.

이 두 가지 형식을 중심으로 양육 콘텐츠가 제공된다면, 성도는 스스로 말씀을 생각하고, 목회자는 자료 없이도 바로 대화하고 추적할 수 있는 이상적인 구조가 될 것이라고 생각한다.

◎ 양육 교재 제작과 설계 보조 : 말씀이 삶으로 이어지는 다리

목회자로서 교육과 양육 교재를 선정하고 제작하는 일은 늘 깊은 고민을 안겨주었다. 시중에 나와 있는 수많은 교재 중에는 하나님의 말씀을 내가 원하는 방식으로 온전히 가르칠 수 있는 것이 드물었고, 교단 교리에 완벽히 적합한 자료도 많지 않았다. 그래서 기존 교재를 사용하면서도 많은 불편함을 감수해야 했다. 교재가 너무 딱딱하거나 시대 흐름에 뒤처져 성도들의 삶에 적용하기 어렵다는 느낌을 자주 받았다. 내용이 반복적이거나 지나치게 추상적일 때는 성도들의 몰입이 떨어지는 것도 경험했다.

그렇다고 해서 직접 교재를 만드는 것은 결코 만만한 일이 아니었다. 몇 번 시도하여 사용해 보긴 했지만, 시간과 에너지 소모가 엄청났고, 구성의 전문성이나 완성도(퀄리티) 면에서 늘 아쉬움을 남겼다. 특히 목차 정리, 본문 편집, 시각 자료 삽입 등 디자인적인 부분까지 혼자 감당하기에는 역부족이었다. 이 모든 어려움 속에서 가

장 이상적인 방향은 내가 설교한 내용을 기반으로 교재를 편집하는 것이라고 생각했다. 이미 성도들에게 익숙한 설교의 흐름을 교재에 담으면 몰입도가 높아질 것이라고 기대했다. 이를 바탕으로 단계별, 수준별로 나누어 반복 학습과 체득이 가능한 교재 시스템을 구축하는 것이 나의 꿈이었다. AI나 콘텐츠 편집 툴을 활용하여 완성도 높은 교재 만드는 것이 가능하다면, 이는 목회 현장에 혁신을 가져올 것이라는 기대가 커졌다.

◎ 직접 만든 교재의 경험과 그 어려움 : 영적 깊이를 담는 구조에 대한 고뇌

과거 직접 교재를 만들었던 것은 주로 나의 설교문을 토대로 하는 방식이었다. 단순히 설교문을 읽는 것에서 그치지 않고, 다음과 같은 구조를 고민하며 교재를 구성했다. 설교문 내용 중 핵심 주제나 추상적인 개념에 괄호를 넣어 구체적인 설명을 보완하고, 설교에서 언급된 본문 외에 실제적인 성경 구절들을 함께 제시하여 적용과 토론을 돕고자 했다. 또한 '이 말씀은 내 삶에 어떤 변화를 요구하는가?', '나는 여기에 어떻게 반응하고 있는가?'와 같은 질문을 삽

입하여 개인 묵상과 소그룹 토의를 유도했다. 교재가 일방향 전달이 아닌 참여형/토론형으로 구성되도록 기획하는 것이 나의 목표였다.

하지만 이러한 노력에도 어려움은 분명했다. 설교문이 기반이 되기 때문에 말의 논리는 있었지만, 교재로서의 체계적인 구성을 잡기에는 한계가 있었다. 특히 교재의 흐름을 '인트로-본문-적용-마무리' 구조로 일관되게 디자인하는 것이 어려웠다. 시각적 편집 완성도도 부족하여 목차 정리, 본문 편집, 표지 구성, 시각 자료 삽입 등에서 전문성이 떨어졌다. 초신자용, 중급자용, 리더용 교재를 수준별로 분화하는 작업도 쉽지 않아 실제 적용성이 낮아지는 결과를 낳았다. 이중직 사역자로서, 집중해서 콘텐츠를 다듬고 편집할 시간 자체가 부족한 것이 가장 큰 압박이었다. 하지만 AI는 그 문제를 해결할 수 있다.

◎ 신앙 훈련의 핵심 가치 : 말씀의 깊이와 삶의 변화

신앙 훈련에서 내가 가장 중요하게 여기는 핵심 가치는 하나님 말씀에 대한 깊은 깨달음이다. 단순한 정보 습득을 넘어 말씀을 계시

로 받아들이는 훈련이 필요하다. 또한 인격의 변화를 강조한다. 신앙은 머리에만 머무르지 않고 삶의 태도로 흘러가야 한다. 성도들이 하나님 앞에서 자신의 사명을 발견하도록 돕는 것도 중요하다. 나를 위한 말씀이 아니라 하나님의 뜻을 향한 부르심으로 연결되도록 훈련해야 한다. 삶에서의 적용은 필수적이다. 실천 없는 배움은 변화를 낳지 못한다. 마지막으로, 사회에서 빛과 소금의 역할을 감당하도록 훈련하는 것이 나의 목표다. 신앙이 교회 안에만 머물지 않고 세상에서 영향력을 발휘하도록 해야 한다. 이러한 기준들은 AI가 커리큘럼을 자동 생성할 때 반드시 고려해야 할 영적 필터가 되며, 학습 평가에서도 지식 습득이 아닌 변화 중심의 점검으로 이어진다.

◎ AI, 양육 커리큘럼의 혁신을 이끌다

AI가 양육 커리큘럼의 구조나 교재 초안을 자동 생성해 준다면, 다음과 같은 다섯 가지 점에서 특히 유익할 것이다.

첫째, 설교와 연계한 적용 가능성이다. 주일 설교를 주중 훈련과 연결하여 AI가 설교 요약, 적용 질문, 나아가 훈련 콘텐츠까지 연계하여 생성해 준다면 매우 효율적일 것이다.

둘째, 수준별 교재 분화다. 초신자, 중급자, 리더 등 각 단계별 맞춤 교재를 구성하고, 동일한 본문이라도 다른 깊이와 적용으로 나눌 수 있게 된다.

셋째, 교리와 신학적 흐름 검토다. AI가 교단 신학에 맞는 흐름인지 자동 점검하고, 특정 주제가 왜곡 없이 설명되었는지 검토해 줄 수 있다.

넷째, 시간 절약과 자료 보완이다. 교재 기획, 편집, 디자인 시간을 단축하고, 자료 누락이나 균형 부족을 AI가 백업해 줄 수 있다.

마지막으로, 교재 내용에 맞는 적절한 예화 구성이다. 한국 사회, 성도 연령, 시대 흐름에 맞는 실제 사례나 예화를 AI가 자동으로 추천하거나, 실제 뉴스/간증 자료를 요약해 준다면 큰 도움이 될 것이다.

이 기능들이 모이면 AI는 단순한 자료 조사를 넘어, 목회자의 학습 설계 디자이너로 거듭날 수 있을 것이라고 확신한다.

◎ 신앙 성숙도 추적과 훈련 평가 : 따뜻한 관심의 기록

성도 개인별로 신앙 상태나 반응을 추적하고 싶은 마음은 늘 있

었다. 큐티 실천 여부, 말씀 공부와 금요 기도회 참석 추이, 하나님의 뜻대로 살려는 노력과 목회자에게 물어보고 의지하는 태도, 목회자와 가까이 지내려는 모습 등을 살피고 싶었다. 이는 단순한 '출석 점검'이 아닌, 성도의 신앙 성숙도를 따뜻하게 살피려는 목회자의 마음에서 우러나온 것이다.

하지만 이러한 신앙 추적을 기억이나 수기에 의존했을 때, 많은 어려움과 놓치기 쉬운 점들이 있었다. 정서적으로 거리가 멀어졌고, 바쁘게 살다 보니 서로 만날 시간과 통화할 시간이 부족하다는 것을 느꼈다. 만남이 적다는 것은 가장 큰 문제였다. 만남이 적다는 것은 곧 신앙과 관계의 약화로 이어졌고, 이는 상담, 교제, 훈련을 통한 개입의 결여가 실시간 돌봄의 부재로 이어지는 아픔을 낳았다.

AI가 제공하는 신앙 진단 테스트나 단계별 커리큘럼 추천 기능이 있다면, 나는 하나님과 교회 앞에 얼마나 순종하면서 살아가는가에 대한 구체적인 테스트지를 만들고 싶다. 단순히 예배 출석이나 큐티 실천 여부 확인이 아닌, '하나님 앞에서 살아가려는 태도와 선택의 일관성'으로 신앙의 깊이를 점검하는 문답지를 만들고 싶다. 응답 내용에 따라 AI가 자동으로 단계를 구분하고, 이후 AI가 추천 큐티 본문, 실천 과제, 적용 기도문, 간증 영상 또는 책 추천 등의 맞춤 피드백을 제안하는 것이다. 나아가 필요시 소그룹 리더와 결과를 공유하여 리더가 돌봄과 격려에 활용할 수 있도록 연계하고 싶다. 이 시스템은 단순한 관리를 넘어, 성도 스스로가 자신의 신앙을 점검하고, 다시 회복과 헌신을 결단하게 하는 '거룩한 거울'이 될 수 있을 것이다.

◎ AI 시대의 목회, 함께 만들어가는 비전

존경하는 옥한흠 목사님의 제자훈련 교재 구조는 한국 교회 교육과 양육 사역의 대표적인 모델이다. 신학적 깊이와 실제적 적용의 균형, 반복 학습 구조와 자기 성찰, 실천 중심의 구성은 AI 기반 교재 제작 자동화와 매우 잘 맞는 '전통과 실용'의 모델이다. 이 구조를 AI 시스템에 기본 템플릿으로 세팅해 두면, 설교문이나 기존 자료를 불러와 자동 재구성하여 교회의 색깔에 맞는 맞춤 제자훈련 교재를 만들 수 있을 것이다.

AI가 만든 교재를 성도들이 거부감 없이 받아들이도록 하려면, AI는 어디까지나 초안을 만들 뿐이며, 최종 판단과 메시지 결정은 목회자에게 있다는 원칙을 지켜야 한다. 목회자의 검토 과정은 필수이며, AI 활용 사실을 투명하게 공개하되, "이 교재는 제가 설교한 내용을 AI로 정리한 초안을 바탕으로 다시 편집했습니다"와 같이 겸손하게 설명하여, 성도들이 '목사님이 검토하고 직접 만든 교재'라는 신뢰를 가질 수 있도록 해야 한다. AI는 목회자의 보조 엔진일 뿐, '결정자'가 아니다. 영적 책임과 공동체의 신뢰는 언제나 목회자의 음성과 손길 안에 있어야 한다.

AI가 교재를 자동 생성할 때, 설교문을 업로드하고 교재 유형, 난이도, 디자인 옵션 등을 선택하는 방식이면 좋을 것이다. 텍스트 붙여넣기나 파일 업로드 방식도 지원하고, 새신자용, 소그룹용, 개인 묵상용, 리더 훈련용 등 다양한 유형과 길이를 선택할 수 있다면 이상적이다. 적용 난이도, 질문 유형, 시각 편집 옵션 등도 사용자가 직접 설정할 수 있다면 맞춤형 교재 제작이 더욱 용이해질 것이다. AI는 '한 편의 설교'를 '여러 형태의 교재'로 자동 리포맷해 주는 도구가 되어야 한다.

AI를 기반으로 제작된 교재를 다른 목회자, 리더들과 공유하거나 이것으로 협업하는 것은 중소형 목회자들의 그룹에서 구글 워크스페이스를 통해 가능하다. 설교문 초안 공유, 공동 편집, 교육 진행 상황 및 피드백 관리 등을 통해 혼자 만들기 어려운 완성도를 여럿

이 함께 고민하며 보완할 수 있다. 이는 특정 교회 상황을 넘어 더 넓은 시각과 경험이 반영된 교재 제작을 가능하게 하며, 객관성 강화에도 기여한다. AI와 협업 플랫폼의 조합은 '목회자의 고립된 콘텐츠 제작'이 '공동체적 자료 개발 문화'로 나아가는 길을 열어줄 것이다.

교재나 콘텐츠를 만들 때, 성도들의 실제 삶(직장, 가정, 사회생활 등)에 맞춰 적용을 강화하는 데 AI가 큰 도움을 줄 수 있다. AI가 삶의 사례를 자동으로 추천하거나, 라이프스타일과 연령대에 따라 질문을 분기하고, 사회 이슈와 연동하는 것이 좋다. AI는 단순히 말씀을 이해하게 하는 도구가 아니라, 성도들이 삶에서 말씀을 살아내도록 돕는 '적용 매개체'로 발전할 수 있다.

◎ AI 시대에도 변치 않는 목회자의 사명

AI의 교재 제작이 보편화된다면, 중소형 교회는 이를 가장 효과적으로 활용할 수 있을 것이다. 지역이나 그룹별 목회자 연합 큐레이션 팀이 구성되고, 소그룹/셀 리더의 자동 훈련 프로그램 등이 이루어질 수 있으며, 교단 내에서 공동 교재 개발과 함께 공동 교육이 이루어질 수 있다. AI는 단순히 도구가 아니라, 연합된 교육 생태계와 훈련 문화의 촉매제가 될 수 있다. 특히 리더 부족, 교육 자원 부족, 교재 제작 부담을 겪는 중소형 교회에 큰 돌파구가 될 것이다.

하지만 AI가 아무리 도와주더라도, 양육 사역에서 반드시 사람이 직접 해야 하는 부분이 있다. AI 시대의 목회자는 성령 충만, 말씀 충만을 유지하며, 쉬지 않는 기도를 통해 자신을 철저히 관리해야 한다. 또한 사회적으로 구제와 봉사가 체질화된 인격적인 사람이어야 한다. 따라서 기도, 위로, 영적 통찰, 개개인의 눈빛과 표정 읽기, 회개와 고백의 동행, 안수와 중보는 빼놓을 수 없는 목회자의 영역이다.

AI는 자동화된 기도문을 만들 수는 있어도, 눈물로 드리는 중보기도는 할 수 없다. AI는 분석은 해도, 함께 울어줄 수는 없다. 성도의 상처에 손을 얹고 조용히 기도하는 그 순간, 위로는 영혼에 깊이 새겨진다. AI는 정보는 줄 수 있지만, 성령의 감동은 제공할 수 없다. 설교나 양육의 핵심 방향을 잡는 통찰은 오직 하나님과의 동행에서 나온다. AI가 목회자의 사역을 도와줄 수는 있지만, 기도하고 같이 울어주고 안수하는 것은 오직 목회자만 할 수 있는 사역이다. 이것이 AI 시대에도 절대로 대체될 수 없는 목회자의 자리다.

3.
디지털 시대의 복음, AI와 함께 날개를 달다

이제 복음은 오프라인을 넘어 디지털 공간에서도 전달되어야 한다. 목회자가 디지털 콘텐츠를 만드는 이유는 '선교'이며, AI는 그것을 더 쉽고 빠르게 도울 수 있다.

목회자로서 디지털 콘텐츠를 만드는 이유는 분명하다. 바로 선교다. 더 많은 영혼에게 복음을 전하고, 그들이 말씀 안에서 성장하도록 돕는 것. 이것이 우리의 또 하나의 사명이다. AI는 이 사명을 더 쉽고 빠르게 감당하도록 돕는 강력한 도구가 될 수 있다.

◎ 디지털 콘텐츠, 만남의 시작

나는 설교 영상을 유튜브에 올리고, 매일 짧은 영상 큐티를 제작하며, 블로그 카드 뉴스를 만들면서 디지털 콘텐츠 제작을 시작했다. 이 모든 시도는 단순히 말씀을 '전달'하는 것을 넘어, 한 영혼과의 '만남'을 시작하려는 간절한 마음에서 비롯되었다. 설교 영상은 주일 예배에 참석하지 못하거나 교회를 찾지 않는 이들에게 말씀을 접할 기회를 제공했고, 영상 큐티는 성도들의 일상 속 신앙 루틴 형성에 작은 도움이 되었다. 블로그 카드 뉴스는 말씀을 시각화하여 SNS를 통해 더 많은 이에게 다가갈 수 있게 했다.

하지만 디지털 콘텐츠 제작은 쉬운 일이 아니었다. 처음에는 영상 편집 시간이 가장 큰 부담이었다. 설교 영상이나 큐티 콘텐츠는 길이 조절, 장면 전환, 텍스트 정리 등 손이 많이 가는 작업이었다. 자막 작업이나 썸네일 디자인, 메시지 요약 또한 많은 시간을 요구했다. 하지만 캡컷(CapCut)과 미리캔버스, AI 기술의 도움으로 이러한 어려움은 상당 부분 해소되었다. AI를 통해 썸네일 디자인, 자막 작업, 스크립트 요약을 훨씬 효율적으로 처리할 수 있게 된 것이다.

그러나 기술적인 어려움이 해결되자 또 다른 깊은 고민이 찾아왔다. 디지털이지만 아날로그 같은 접근과 모습이 필요하다는 생각이 들었다. 기계처럼 빠르고 깔끔한 콘텐츠는 만들 수 있었지만, 과연 그 안에 사람의 감성과 관계, 진심이 담겨 있는가 하는 물음이 었다. 아무리 기술적으로 뛰어난 콘텐츠라도 사람의 체취가 느껴지지 않는다면, 복음이 가진 따뜻한 울림을 온전히 전달하기 어렵다는 것을 깨달았다. 이 고민은 AI와 디지털 콘텐츠의 한계를 넘어, 디지털 속에서도 사람의 마음을 읽고 다가가는 전략이 얼마나 중요한지를 다시금 일깨워 주었다.

◎ 디지털 세대와의 소통, 난관과 희망

디지털 세대, 특히 10대에서 30대의 청소년들과 청년들에게 복음을 전할 때 많은 어려움을 느낀다. 가장 큰 벽은 교회에 대한 선입견이었다. 많은 청년이 교회를 폐쇄적이고 권위적인 공간으로 인식하고, 기성세대의 신앙 방식을 답답하게 여겼다. 사회적인 분위기 또한 개인주의와 불신 문화에서 교회를 부정적으로 바라보는 시선이 많았다.

콘텐츠를 만들어도 즉각적인 반응이 없다는 점도 어려웠다. 댓글이나 공유가 적으면 '과연 누가 이것을 보고 있는가?' 하는 공허함이 찾아왔다. 또한 말씀과 삶이 따로 노는 청년들의 모습을 보며 안타까웠다. 은혜는 받았지만 삶은 그대로인 경우가 많았고, 말씀을 '듣는 것'과 '사는 것'이 단절된 구조였다. 메시지 또한 반복되는 주제와 익숙한 어투로 매너리즘에 빠지기 쉬웠다. 디지털 세대는 스토리, 감성, 실존적 고민에 대한 답을 원하는데, 우리는 익숙한 방식만을 고수하는 것은 아닌가 하는 자기 성찰이 필요했다. 마지막으로 세대 간의 갈등은 서로를 이해하기보다 자신들을 설명하려 드는 소통의 단절을 가져왔다.

이 모든 어려움에서 AI는 기술적으로는 많은 부분을 도울 수 있지만, 디지털 속에서도 사람의 마음을 읽고 다가가는 전략은 목회자만이 감당할 수 있는 것임을 확신한다. 기술은 도구일 뿐, 그 도구를 통해 진심을 전달하는 것은 사람의 몫이다.

◎ AI, 복음 전파에 새로운 날개를 달다

AI가 도와준다면, 임팩트 있는 부분을 자동으로 추출하여 요약 영상을 생성하는 기능이 가장 효율적일 것이라고 생각한다. 설교나 큐티, 간증에서 감동적인 부분을 30초에서 1분 내외의 짧은 영상으로 자동 생성하면 SNS 전도 콘텐츠로 최적화될 것이다. "긴 영상은 다 보기가 어려워요"라는 디지털 세대의 특성을 고려할 때, AI가 가장 울림이 있는 부분만 정리해 주는 기능은 매우 유용하다.

또한 성도별 맞춤 피드백 메시지 자동 생성 기능도 기대된다. 설문 응답, 출석, 큐티 실천 등의 데이터를 기반으로 AI가 격려, 위로, 도전의 메시지를 자동 작성하면 목회자가 선별하여 단톡방에나 문자로 전송할 수 있다. 목회자의 영혼 돌봄은 성도들을 향한 기도에서 시작된다. 목회자는 새벽에 성도들을 기도로 심방한다. 그리고 일일이 문제를 하나님 앞에서 간구한다. 무릎으로 목회하는 것이 영혼을 돌보는 목회자의 모습이다. 하지만 메시지와 찬양을 SNS 등으로 보내는 것은 목회자의 손이 필요하다. 모든 작업을 AI가 해주면, 목회자는 선별해서 기도하는 마음으로 SNS 등을 이용해 보낸다. 이로써 24시간 연결된 돌봄 구조로 확장될 수 있을 것이다.

실제로 내가 만든 콘텐츠가 전도와 관계 형성에 도움이 되었던 사례가 있었다. 여러 일들로 만났던 사람들이 유튜브 영상을 통해 메시지를 듣고 더 깊은 대화를 원할 때, 멀리 있지만 함께 감동을 나누는 영적 공동체로 연결되는 것을 느꼈다. 이는 단순히 '조회 수 증가'를 넘어, '멀리 있는 사람이 말씀을 통해 함께 울고 웃는 영적 공동체로 연결되었다'는 진짜 디지털 선교의 증거다. 디지털 콘텐츠가 단지 자료나 영상이 아니라 사람과 사람을 다시 연결해 주는 '복음의 끈'이 되는 순간을 경험한다.

콘텐츠를 만든 뒤, 성도나 구도자의 반응을 추적할 때 나는 숫자보다 사람이 더 중요하다는 목회적 중심을 항상 잊지 않으려 노력한다. 실제 만남에서 "매주 보고 있어요"라는 피드백을 들을 때, 그 말 한마디에 눈물이 맺힐 만큼 감사한 순간을 맞는다. 실시간 방송에 정기적으로 찾아오는 사람들이 생겨나는 것을 보며, 처음엔 숫자만 봤는데 이젠 그 뒤에 사람이 있다는 것을 믿게 되었다. 이는 단순한 반응 측정을 넘어, 목회자가 위로받고 다시 힘을 얻는 선교의 피드백 루틴이다.

◎ **소통의 형식, 주님과의 동행을 위한 디지털 루틴**

전도 대상자, 특히 청년이나 복음에 낯선 이들에게 가장 효과적일 것 같은 콘텐츠 형식은 질문-답변 토크형 설교, 디지털 서적, 유튜브(짧은 콘텐츠), 간증 중심 스토리 콘텐츠라고 생각한다. 일방적인 설교가 아닌, 성도나 구도자의 질문을 주제로 함께 풀어가는 대화형 설교는 듣는 이의 삶과 직결된 고민을 먼저 다루기에 공감을 이끌어낸다. 짧지만 핵심적인 메시지로 정리된 디지털 서적은 SNS로도 공유가 가능하고 반복 학습에 용이하다. 릴스나 쇼츠 같은 1~2분짜리 짧은 영상은 스크롤을 멈추게 하고 감정에 닿는 핵심만 담아 효과적이다. 무엇보다 간증 중심 스토리 콘텐츠는 '설명'이 아니라 '공감', '전달'이 아니라 '경험 공유'를 통해 복음의 파급력을 높인다. 이 모든 형식의 공통점은 '설명'이 아니라 '공감', '전달'이 아니라 '경험 공유'를 지향한다는 것이다.

주일 외 평일에도 말씀을 접하고 싶어 하는 성도들을 위해서는 하루 1분 영상 묵상과 더불어 맞춤형 찬양을 전달하면 좋다. 핵심 말씀 한 구절과 짧은 적용 메시지를 담은 1분 영상 묵상은 AI가 자동 요약한 설교의 하이라이트 영상으로도 가능하다. 말씀 주제와 성도의 신앙 상태에 따라 AI가 오늘 들으면 은혜가 될 찬양을 선별하여 링크나 음원과 함께 전달한다면, 성도는 하루를 말씀과 찬양으로 출발할 수 있을 것이다. 이는 단순히 콘텐츠를 '보게' 하는 것이 아니라, 성도 한 사람의 마음에 말씀과 찬양이 스며들게 하는 '디지털 은혜 루틴'을 상상하는 것이다.

◎ AI 기반 디지털 전도 플랫폼의 꿈 : 복음 전파의 전략가

앞으로 AI 기반 디지털 전도 플랫폼이 생긴다면, 구도자 대상 1분 메시지 생성기와 전도 대상자별 맞춤 콘텐츠 패키지 구성 기능이 있으면 좋겠다고 생각한다. 구도자의 관심사, 감정 상태, 신앙 질문을 바탕으로 AI가 짧고 울림 있는 복음 메시지를 자동 생성하는 것이다. 또한 성격, 관심사, 인생 단계 등을 입력하면 AI가 간증 영상, 묵상 콘텐츠, 찬양, 적용 메시지를 조합하여 마치 그 사람만을 위한 복음 선물 세트처럼 전달하는 기능은, 사람을 향한 복음 설계를 가능하게 하는 강력한 도구가 될 것이다.

여기에 소그룹 리더를 위한 'AI 복음 코치' 기능도 추가되면 좋다. 리더가 전도 대상자의 상태를 입력하면 AI가 추천할 콘텐츠, 말투, 피드백 방식까지 코칭해 주는 것이다. 예를 들어, "이번 주 이 집사님은 소진 상태입니다. 부담 없는 질문형 메시지로 시작하고, 회복 중심 찬양을 권해 주세요"와 같은 가이드를 제공한다면, 이는 AI가 단지 기술이 아닌, 복음 전파의 전략가가 되도록 훈련된 시스템이 될 것이다.

◦ AI와 디지털 콘텐츠, 나의 목회 철학에서의 자리

복음을 전하는 수단으로서의 AI와 디지털 콘텐츠는 나의 목회 철학에서 매우 중요한 자리를 차지한다. 이는 단순히 도구가 아니라, 시대 속 사명을 감당하도록 하나님이 주신 선물과 같다.

AI와 디지털 콘텐츠는 복음을 듣지 못한 이들에게 도달할 수 있는 전도를 위한 통로가 된다. 멀리 있어도, 닿을 수 없던 마음이라도 메시지 하나, 영상 하나로 연결되는, 거리의 벽을 뛰어넘는 다리가 된다. 누군가가 질문할 때, AI가 건네는 하나님의 말씀 한 줄이 복음의 접촉점이 되어 준비된 사람과의 만남으로 이끈다. 매일매일 말씀을 다시 듣고 묵상하며 적용하게 함으로써 말씀을 가까이하게 만드는 동반자가 된다. 한글 자막으로, 카드 이미지로, 음성으로도 예수님의 사랑이 그들의 마음에 울림으로 전해지는, 주님의 마음을 전하는 또 하나의 방식이 된다. 궁극적으로, AI와 디지털 콘텐츠는 이 디지털 시대에 목회자가 복음을 들고 굳건히 설 수 있게 해주는 시대의 사명을 감당하도록 하는 하나님의 도구다.

AI는 우리의 사역의 중심이 되지 않는다. 그러나 사명을 감당할 수 있도록 우리를 시대 한복판에 세워주는 하나님의 도구다. 기술의 발전이 주는 편리함을 넘어, 그 안에 담아야 할 복음의 본질과 인간적인 따뜻함을 잃지 않으리라는 것이 나의 변치 않는 목회적 다짐이다. 이 모든 것을 통해 한 영혼이라도 더 주님께로 인도하고, 그들이 말씀 안에서 진정한 기쁨과 평화를 누리며 성장하도록 돕는 것이 나의 목회적 소명이며 가장 큰 행복이다.

4장
디지털 공간에도 복음은 흐른다

1.
디지털 시대, 목회의 확장

1-1. 교회 소식지, 주보의 변화

2025년의 어느 봄날, 주일 예배가 끝나고 교회 로비 한쪽에서 익숙한 소리가 들려왔다. 성도들이 종이 주보를 펼치며 서로의 소식을 나누는 소리였다. 이렇게 여전히 종이 주보를 선호하는 장년 성도도 있었지만, 청년들은 스마트폰 화면을 넘기며 카톡방에 공유된 PDF를 확인했다. 디지털과 아날로그가 공존하는 교회, 바로 지금 우리의 현실이다.

목회자인 나는 매주 주보를 만들며 같은 고민을 반복했다. '이 정보는 어디까지 넣어야 하지?' '기도 제목이 너무 많은데, 줄이면 빠진 사람은 섭섭하지 않을까?' '설교 요약은 이 정도면 충분할까?' 매주 반복되는 이 작업은 때론 피로했고, 때론 의미 없게 느껴지기도 했다. 그럼에도 이 작은 종이 한 장, 혹은 메시지 하나에 우리의 사역과 공동체가 담겨 있었다.

초기에는 주보를 워드로 매번 새로 만들다가, 시간이 너무 오래 걸려 결국 '복붙' 형식을 택하게 되었다. 설교 요약과 새로운 소식만 갱신하고, 나머지는 정해진 양식을 유지했다. 예배 준비 위원과 홈페이지 관리자에게는 PDF로 파일을 전송했고, 카카오톡 단체방에도 매주 공유했다. 이 과정은 어느새 일상이 되었다.

그러나 AI의 등장은 이 일상에 질문을 던지게 했다. 'AI가 설교 요약을 대신 해줄 수 있을까?' 처음에는 반신반의했다. 하지만 몇 번의 시도 끝에 AI가 제공한 초안을 내가 다듬는 방식으로 진행했는데, 챗GPT, 제미나이, 클로드 모두 각각 다른 특징을 가지고 제공했다. 오히려 시간은 단축되고, 표현은 다양해졌으며, 전체 흐름도 간결해졌다.

이후 AI는 맞춤법 교정과 문장 다듬기까지 도와주기 시작했다. 기도 제목을 자동 분류하고, 예배 순서를 양식에 맞춰 정렬하는 기능도 활용했다. 물론 전적으로 맡기진 않았다. 주보의 가장 중요한 기능은 단순한 정보 전달이 아닌 '공동체적 감성'이기 때문이다. 성도들이 주보를 열었을 때 느끼는 따뜻함, 반가움, 신앙적 분위기. 이것은 기계가 만들 수 없기에, 나는 항상 마지막은 내 손으로 다듬는다.

출석하지 못한 성도에게는 AI를 통해 편집된 짧은 설교 요약 영상에 찬양을 곁들여 메시지를 전송하는 시스템을 활용했다. 메시지의 제목은 이렇게 정했다. '이번 주, 힘과 능력을 주는 말씀'—간결하지만 진심을 담은 문장. 이 작은 시도가 성도들과 이어주는 귀한 도구가 되었다.

한번은 오랫동안 교회에 나오지 못했던 성도가 연락을 해왔다. "목사님, 카톡으로 받은 설교 요약 영상과 찬양이 정말 은혜로웠어요. 다음 주엔 꼭 예배드리러 갈게요." 이 의미를 목회자라면 누구나 알 것이다. 생명을 얻은 기쁨이었다. AI는 단순한 디지털 기술이 아니라, 복음 전파의 새로운 통로로서의 도구다.

우리는 주보와 공지를 단순히 '공지사항'으로 보지만, 사실 그 안에는 교회의 신학, 공동체의 문화, 목회자의 철학이 고스란히 녹아있다. AI는 이 과정을 전부 대신해 줄 수는 없지만, 반복 작업에서 자유롭게 함으로써 목회자가 설교와 기도, 돌봄에 더 집중할 수 있도록 돕는다.

"AI는 사역을 대체하지 않는다. 오히려 더 많은 기도와 사랑을 가능하게 한다." 이 말처럼, 나는 문서 작성에서 받는 스트레스를 줄이고, 말씀을 더 깊이 묵상할 수 있는 시간을 얻게 되었다. 매주 반복되는 주보 작업은 여전히 남아 있지만, 이제는 더는 부담이 아닌 '사역의 연결고리'로 다가온다.

그리고 나는 오늘도 기도한다. 이 한 장의 주보, 이 짧은 메시지가 한 영혼에게 위로가 될 수 있도록.

1-2. 디지털 시대의 목회, 그 따뜻한 여정

어느덧 목회 현장은 거대한 전환점에 들어섰다. 과거에는 교회 문턱을 넘어야만 복음을 만날 수 있었지만, 이제는 스마트폰 화면 하나로 신앙에 관한 모든 정보가 물결처럼 흘러들어오는 시대가 되었다. 이 디지털 세상에서 복음이 더는 오프라인에만 머물 수 없다는 절박한 소명감이 나의 목회 철학을 관통하는 깊은 울림이 되고 있다. 나는 이 길을 걸으며 디지털 콘텐츠 제작이라는 새로운 도전에 가슴 벅찬 설렘으로 나섰고, 그 과정에서 인공지능(AI)이 선교의 사명을 더 쉽고 빠르게, 그리고 더 따뜻하게 도울 수 있다는 확신을 얻게 된다.

◎ 작은 시작, 그 안에 담긴 사랑

나의 디지털 콘텐츠 제작의 여정은 참으로 작고 소박하게 시작한다. 주일 설교를 영상으로 담아 유튜브에 올리고, 매일 아침 말씀을 묵상하는 짧은 영상 큐티를 만든다. 블로그에는 말씀의 핵심을 담은 카드 뉴스를 정성껏 제작하여 공유하기도 한다. 처음에는 서툴고 어설펐지만, 이 모든 시도에는 단순히 '기록'을 넘어 '만남의 시작'이 되기를 바라는 애틋한 마음이 담겨 있었다. 설교 영상은 주일 예배에 미처 참석하지 못한 성도들이나 아직 복음을 알지 못하는 새로운 영혼들이 말씀을 만나고 접할 수 있는 소중한 통로가 되어주고, 영상 큐티는 바쁜 일상에서도 성도들이 말씀과 동행하며 신앙의 루틴을 만들어가는 데 작은 불씨가 되어주었다. 말씀을 간결하고 아름답게 시각화한 블로그 카드 뉴스는 SNS를 통해 더 많은 이에게

친근하게 다가갈 수 있는 기회를 열어주었다.

하지만 이 새로운 길은 예상치 못한 도전으로 가득했다. 무엇보다 영상 편집에 쏟아야 하는 엄청난 시간은 내겐 커다란 산처럼 느껴졌다. 설교 영상이나 큐티 콘텐츠는 영상의 길이 조절부터 장면 전환, 자막 하나하나까지 사람의 손길이 필요한 작업의 연속이었다. 나의 역량만으로는 높은 완성도를 유지하면서도 빠르게 결과물을 만들어내기 어렵다는 한계에 부딪히곤 했다. 자막 작업 또한 마찬가지였다. 긴 설교 영상의 자막을 한 글자씩 입력하고 수정하는 시간은 때로는 지루하고 고된 싸움이었다. 이는 콘텐츠 제작에 대한 의욕을 꺾는 요인이 되기도 했다.

하지만 기술의 발전은 나의 고민에 따뜻한 손길을 내밀어주었다. 캡컷(CapCut)과 같은 AI 기반 편집 도구의 등장은 영상 편집의 문턱을 놀랍도록 낮춰주었다. 이제는 전문가 수준의 기술 없이도 웬만한 편집이 가능해졌고, AI를 통해 썸네일 디자인, 자막 생성, 스크립트 요약까지 훨씬 빠르게 효율적으로 처리할 수 있게 되었다. 이러한 기술적 도움 덕분에 콘텐츠 제작에 쏟던 시간과 노력을 크게 줄일 수 있었고, 이는 곧 더 많은 영혼에게 다가갈 수 있는 더 많은 콘텐츠를 기획하고 제작할 수 있는 귀한 기회로 이어졌다.

1-3. AI와 함께하는 온라인 사역 관리

디지털 공간에도 복음은 흐른다. AI는 교회의 온라인 채널 관리, 콘텐츠 제작, 성도들과의 소통을 효율적으로 돕는 강력한 도구가 될 수 있다.

지금까지는 교회 사역 소식을 카카오톡으로 전달하고, 설교 영상을 유튜브 채널을 통해 방송하는 등 다양한 온라인 활동을 나 혼자 해왔다. 하지만 영상 편집, 댓글 응답, SNS 모니터링 등 혼자 감당해야 하는 업무가 많아 어려움을 느꼈고, 콘텐츠의 실제 효과를 분석할 시간도 부족했다.

◎ AI, 온라인 사역의 든든한 동역자

AI는 이러한 어려움을 해결하고 온라인 사역을 효율적으로 관리하는 데 든든한 동역자가 될 수 있다.
● 영상 편집 시간 단축: AI는 영상에서 핵심 내용을 추출하여 자동으로 요약 영상을 제작하고, 자막을 생성하는 데 도움을 줄 수

있다.

● SNS 관리 효율성 증대: AI는 설교 내용을 바탕으로 카드 뉴스나 SNS 게시글 초안을 작성하여 홍보팀의 업무 부담을 줄여준다.

● 성도와의 소통 강화: AI는 댓글에 대한 응답 초안을 작성하거나, 성도들의 반응을 분석하여 맞춤형 메시지를 보내는 데 활용될 수 있다.

● 데이터 기반 사역: AI는 유튜브 조회수, 댓글, '좋아요' 등의 데이터를 분석하여 콘텐츠 효과를 측정하고, 향후 콘텐츠 제작 방향을 설정하는 데 도움을 줄 수 있다.

나는 지금 내가 설교문을 구글 드라이브에 올리면 영상팀, 홍보팀, 방송팀이 각자의 영역에서 자동으로 작업을 진행하는 이상적인 협업 시스템을 구상하고 있다. AI는 이러한 시스템의 핵심 역할을 수행하며 목회자가 말씀 준비와 목양에 더욱 집중할 수 있도록 돕는다.

◎ AI, 관계 중심의 디지털 사역을 지향하다

가장 중요한 것은 AI가 단순히 효율성을 높이는 도구로만 기능하는 것이 아니라, 성도들과의 관계를 강화하는 데 기여해야 한다는 점이다. 카카오톡 기반 SNS가 성도들과의 연결성이 가장 높은 이유는 접근성이 높고, 친근하게 소통할 수 있으며, 실시간으로 정보를 전달할 수 있다는 장점 때문이다. AI는 이러한 관계성을 유지하면서도 더욱 개인화된 소통을 가능하게 한다. 예를 들어, AI는 성도의 관심사를 파악하여 맞춤형 콘텐츠를 추천하거나, 어려움을 겪는 성도에게 위로와 격려의 메시지를 전달할 수 있다.

디지털 사역은 단순히 정보를 전달하는 것을 넘어, 공감을 이끌어내고 경험을 공유하는 데 초점을 맞춰야 한다. 질문-답변 토크형 설교, 디지털 서적, 짧은 영상, 간증 중심 스토리 콘텐츠 등 다양한 형식을 통해 성도들의 삶과 연결되는 메시지를 전달해야 한다.

◦ AI, 은혜가 머무는 자리를 기억하게 하다

온라인 사역을 통해 얻는 가장 큰 보람은 숫자의 증가가 아닌, 성도들의 마음이 움직이는 순간을 경험하는 것이다. 유튜브 영상에 달린 "은혜 받았어요"라는 짧은 댓글 하나는 목회자에게 큰 위로와 확신을 준다. AI는 이러한 감동을 더욱 확장시키는 데 기여할 수 있다. 멀리 떨어져 있거나 몸이 불편하여 교회에 나오지 못하는 성도들에게도 온라인 콘텐츠는 은혜를 기억하고 다시 교회와 연결되게 하는 통로가 될 수 있다.

AI는 교회 사역을 위한 '중앙 허브'가 되고, 각 팀은 그 메시지를 사람의 언어로 풀어내는 번역자가 된다. 설교문 하나로 전체 콘텐츠와 사역이 유기적으로 작동하는 시스템을 만들고, AI가 상황별로 적절한 링크를 추천하는 등 복음 전파의 전략가가 되도록 훈련된 시스템을 구축하는 것이 앞으로 나아가야 할 방향이다.

AI는 시대적 사명을 감당하도록 하나님이 주신 선물이다. 이 도구를 통해 더 많은 영혼을 주님께로 인도하고, 그들이 말씀 안에서 진정한 기쁨과 평화를 누리도록 돕길 바란다.

2.
평생 학습과 성장의 도구로 AI 활용하기

2-1. 신학과 리더십 자료 자동 탐색 : 영혼의 칼을 벼리는 지혜

설교는 영혼의 칼이다. 그런데 그 칼을 벼리는 자료는 어디서 오는가? 목회자로서 우리는 언제나 말씀을 전할 준비를 하고 있지만, 그 말씀의 깊이와 통찰은 결국 어디에서 어떤 자료를 통해 공부했는지에 달려 있다. 과거에는 온종일 책장을 넘기고 도서관을 뒤져야 겨우 하나의 논문이나 설교 자료를 얻을 수 있었다. 하지만 이제는 AI와 함께라면 더 넓고 깊게, 그리고 빠르게 자료에 접근할 수 있는 시대가 되었다. AI는 단순히 정보를 나열하는 것을 넘어, 설교와 사역 현장에 곧바로 적용 가능한 맞춤형 자료를 제공하여 목회자의 지적, 영적 성장을 돕는 강력한 도구가 될 수 있다.

◎ **지식에 대한 갈증, 그리고 자료 탐색의 한계**

나는 목회 현장에서 다양한 자료에 대한 깊은 갈증을 느낀다. 제자훈련 커리큘럼, 교단 교리에 맞춘 유아부터 노년까지 전 세대 교육 커리큘럼, 역사 속 신학자들의 논쟁 주제, AI 시대의 신앙 윤리 자료, 현대 설교법과 설득 방식 자료 등 구체적인 필요가 늘 존재한다. 이러한 필요는 단순히 정보를 수집하는 것을 넘어, 사역 현장에서 바로 사용 가능한 구조화된 콘텐츠를 갈망하고 있다는 것을 보여준다.

지금까지는 구글링, 유튜브 강의, 세미나, 논문 사이트(DBpia, RISS, 구글 스칼라) 등 다양한 경로를 활용하여 자료를 탐색해 왔다. 그러나 이러한 방식에는 분명한 한계가 있었다. 자료가 너무 방대하여 웹서핑을 반복해야 했고, 바쁜 일정으로 충분한 시간을 투자하지 못해 일부만 보고 편향된 정보로 정리하는 경우가 발생하곤 했다. 결과적으로 성도들에게 깊이와 맥락이 부족하거나 일반화된 메시지를 전할 위험성도 있었다. 제한된 시간과 자료로 인해, 설교의 칼날을 날카롭게 벼리는 데 어려움을 겪곤 했다.

◎ AI가 바꿔놓은 자료 탐색의 새로운 풍경

AI가 도입되면서 자료 탐색은 완전히 다른 차원으로 전환되었다. 이제 나는 다음과 같은 방식의 AI 자료 탐색을 기대한다. AI가 탐색한 자료를 단순히 나열하는 것이 아니라 요약된 Docs 문서 형식으로 제공하고, 찬반 논리 구조와 함께 정리하며, 무엇보다 현장 적용 예시까지 포함된 콘텐츠로 전달해 준다면 큰 도움이 될 것이다. 이러한 방식은 단순한 참고자료를 넘어, 설교와 교육을 위한 '반가공 자료'로 활용 가능성을 높여주어, 목회자가 최종적인 가공과 영적인 적용에 더 집중할 수 있게 한다.

AI가 자료를 탐색할 때 가장 중요한 필터는 '신뢰도'다. 출처가 분명하고 신뢰할 수 있는 자료를 확보하는 것이 최우선이다. 동시에 교단 신학이나 교리 기준은 나의 요구에 따라 맞춤 설정이 가능한 유연성을 보여주어야 한다. 이는 AI에게 "필터링은 철저하게, 적용은 맥락에 맞게"라는 이중 기준을 요청하는 것과 같다. 자료는 정확해야 하지만, 동시에 나의 목회 철학과 현장 상황에 유연하게 적용될 수 있어야 한다.

◎ 자료의 최종 목적지 : 설교와 사역 현장

수집한 자료는 결국 어디로 흘러가야 하는가? 그것은 설교 구성의 기초 자료가 되고, 현장 사역(양육, 교육, 리더십 훈련 등)에 곧바로 반영되어야 한다. AI가 제공하는 모든 자료는 반드시 하나님의 말씀과 성도들의 삶을 잇는 다리가 되어야 한다. 단순한 지식 축적이 아니라, 영혼의 성숙과 변화를 위한 도구로 기능해야 한다는 의미다.

지금 교회가 가장 필요로 하는 리더십 주제는 무엇일까? AI가 제공할 자료의 방향성을 정할 때, 다음과 같은 핵심 키워드가 우선순위가 되어야 한다고 생각한다. '공동체 활동과 관계 활성화' '팀 리더십과 세대 간 소통' '헌신을 이끌어내는 영적 리더십' 그리고 '교회의 사명과 개인의 부르심을 연결하는 비전 정렬'이 그것이다. AI는 이러한 주제들에 대한 깊이 있는 자료와 통찰을 제공하여 목회자가 시대적 요청에 부응하는 리더십을 발휘하도록 도울 수 있다.

◎ 찾는 수고 없이 자료를 제공받는 시스템 : AI 사서의 역할

　나는 바쁜 목회 현장에서 필요한 자료를 'AI 사서'가 찾아주어, 목회자는 찾는 수고 없이 그것을 제공받는 시스템을 구상한다. AI가 주제별 구글 문서 링크, 설교와 연계된 PDF 자료, 오픈 카톡 등 메시지 연동 기능으로 자동 수신하는 방식을 가장 이상적으로 생각한다. 이는 AI가 실질적인 '비서' 역할을 수행하여 목회자의 시간 소모를 줄여주고 자료에 대한 접근성을 획기적으로 높여주는 방식이다.

　나에게 깊은 영향을 끼친 《침묵》,《순교자》 같은 책이나 슈바이처, 존 파이퍼, 옥한흠·하용조 목사님 같은 분들의 메시지는 고난, 순종, 제자도, 공동체 영성이라는 공통된 주제를 품고 있다. AI가 자료를 탐색하고 맞춤화할 때, 나의 이러한 목회적 지향점과 연결될 수 있다면 더할 나위 없을 것이다. AI가 단순히 자료를 찾는 데 그치지 않고, 설교 및 공동체 상황과 연결되며, 하나님의 뜻과 하나님 나라를 기준 삼고, 예수 그리스도를 닮아가는 삶에 초점을 맞춘 콘텐츠를 제공하는 데 활용되기를 바란다. 이는 결국 사역의 방향성을 잃지 않는 'AI 보조자'를 요구하는 나의 간절한 바람이다.

◎ AI는 자료를, 설교자는 방향을

AI는 자료를 제공하지만, 설교자는 방향을 결정한다. 자료는 도구일 뿐이다. 진짜 설교는 그 위에 말씀과 기도가 함께할 때 완성된다. AI는 목회자의 책상에서의 씨름을 돕고, 성령은 목회자의 심장을 이끈다. 우리는 그 둘 사이에서 시대를 읽고, 하나님의 뜻을 전하는 사명을 감당해야 한다. AI는 효율적인 지식 습득의 문을 열어주지만, 그 지식을 영혼의 양식으로 바꾸는 것은 오직 목회자의 영적 분별과 뜨거운 사랑에 달려 있다.

2-2. 독서 정리, 강의 노트와 논문 작성 지원 : 복잡한 자료를 전달력 있는 지식으로 바꾸다

하나님께 받은 말씀을 어떻게 오래도록 간직하고 흘려보낼 것인가? 목회자의 삶은 말씀과 공부, 사역과 글쓰기 사이를 쉼 없이 오간다. 그러나 바쁜 일상으로 우리가 얻은 통찰과 깨달음은 종종 흩어진 채로 남아 있다. 설교 원고, 강의 노트, 논문 스크랩이 제각

각의 폴더에 나뉘어 저장되거나, 심지어 기억에만 남아 사라지기도 한다. 이제는 AI가 이 모든 조각을 모아 하나의 영적 지식 자산으로 정리해 주는 시대가 되었다. 하나님의 음성과 목회자의 언어를 다시 세상으로 흘려보낼 수 있는 새로운 기회가 열리고 있다.

◎ 지식의 파편들, 정리되지 못한 아쉬움

나는 내가 직접 했던 설교와 강의를 체계적으로 정리하고 싶은 깊은 열망을 가지고 있었다. 또한 관심 분야의 논문을 정리해 두고 싶은 마음도 늘 컸다. 이러한 욕구는 단순한 공부를 넘어, 하나님께 받은 메시지를 다시 묵상하고, 다음 세대에게 귀한 영적 유산으로 전하기 위한 거룩한 의도에서 비롯된 것이다.

하지만 지금까지의 정리 방식은 그 한계가 분명했다. 자료들은 책으로 직접 제본한 설교/강의 원고, 컴퓨터 하드에 저장된 문서, 구글 드라이브에 일부 저장된 파일 등 다양하게 흩어져 있었다. 어디에 있는지는 대충 아는데, 막상 찾다가 못 찾으면 그냥 새로 만드는 것이 일상이 되었다. 이러한 비효율적인 방식은 중복 작업, 시간 낭비로 이어졌고, 무엇보다 말씀의 감동이 정리되지 못한 채 휘발되는 아쉬움을 남겼다. 마치 보석 조각들이 여기저기 흩어져 빛을 잃고 있는 듯한 느낌이었다.

◎ AI, 지식 정리의 새로운 지평을 열다

AI가 도입되면서 자료 탐색과 정리는 완전히 다른 차원으로 전환되었다. 이제 나는 AI가 설교문이나 강의, 논문 자료를 정리해 줄 때 다음과 같은 방식을 기대하며 프롬프트한다. AI가 방대한 자료를 키워드 중심으로 요약하고, 주제별로 분류하여 정돈된 구조로 만들어 준다면 큰 도움이 될 것이기 때문이다.

이렇게 정리된 콘텐츠는 다양한 용도로 적극 활용되기를 원한다. 설교의 핵심 내용을 다시 상기시키는 설교 리마인드 자료로, 교회 리더들을 훈련시키기 위한 리더 훈련 교재로, 블로그 글 작성이나 책 출판을 위한 원고로, 세미나나 신학교 강의 자료로, 그리고 논문 작성 및 자료 정리의 기초 자료로 활용되는 것이다. 이러한 방식은 단순한 참고자료를 넘어, 나의 사역과 지적 활동 전반에 걸쳐 반가공된 지식 자산을 제공하여 효율성과 깊이를 동시에 높여줄 것이다.

◎ 원하는 형식과 AI의 섬세한 필터링

나는 AI가 정리해 준 자료를 구글 문서(Google Docs) 형태로 받는다. 구글 문서는 접근성이 좋고, 필요할 때 언제든 수정하거나 공유하기 용이하기 때문이다. 또한 내가 원하는 구성 항목(형식, 순서, 길이 등)을 지정할 수 있으면 더할 나위 없을 것이다. 특히 정리 형식에서 가장 중요한 기준은 다음과 같다.

- 설교 날짜 / 장소 / 배경 / 대상
- 제목 → 개요 → 본문 → 요약

이 구성은 단순히 글을 보기 좋게 만드는 수준이 아니라, 설교 기록, 교육 콘텐츠, 그리고 향후 출판을 위한 기초 자료로 곧바로 활용 가능하도록 설계되어야 한다는 의미다.

하지만 AI가 지켜야 할 중요한 원칙도 있다. 나는 개인적인 간증이나 감동적인 부분은 절대 삭제하지 말 것과, 짧고 건조한 요약 위주로 바꾸지 말 것을 AI에게 강조한다. AI가 너무 기계적으로 요약하면, 오히려 중요한 감성적인 부분을 다시 손으로 써야 하는 번거로움이 생기기 때문이다. 설교는 논문이 아니라, 사람의 마음을 움직이는 것이라는 사실을 AI가 잊지 않고, 인간적인 따뜻함과 영적인 울림을 함께 담을 수 있도록 프롬프트해 주는 것이 좋다.

◎ 기억 속의 은혜와 AI 정리 기능의 미래

과거에 정리해 두었던 은혜의 설교 노트, 또는 하나님의 음성을 듣고 메모한 글들을 다시 꺼내 볼 때, 나는 언제나 불 일 듯한 열정을 되찾곤 한다. 또한 과거 전도의 열매, 영접자 이름이 기록된 문서를 볼 때는 감격으로 눈물짓게 되고, 자연스럽게 기도와 헌신에 대한 열망이 솟아난다. 이것은 단순한 텍스트가 아니라, 하나님과 동행한 기록이자 목회자의 영혼의 일기다. AI가 이러한 기록들을 체계적으로 정리해 준다면, 영적 자산의 보존과 활용에 큰 도움이 될 것이다.

내가 기대하는 AI의 정리 기능은 단순히 자료를 찾는 것을 넘어, 목회자 맞춤화된 사역 동역자로서의 역할을 수행하는 것이다.

● 설교 스타일 분석: 나의 설교 흐름, 말투, 구조를 피드백하여 설교의 질적 향상을 돕는다.

● 현 사회 이슈와 본문 연결: 설교자가 미처 다루지 못한 시대적 연결고리를 보완하여 말씀의 시의성을 높인다.

● 문제 해결형 적용 아이디어: 성도들이 실제 삶에서 실천할 수 있는 구체적인 지침까지 제시한다.

이것이 바로 '정보 정리'를 넘어 '사역 동역자'로서 AI를 활용할 수 있는 방향이다.

◎ 기록된 은혜는 사라지지 않는다

기록된 은혜는 사라지지 않는다. 정리된 사역 자료는 다음 세대의 자산이 된다. 설교, 강의, 논문을 정리한다는 것은 단순한 정보 저장이 아니다. 그것은 하나님께 받은 메시지를 다시 붙잡는 일이고, 공동체를 위한 나눔의 씨앗을 심는 일이다. AI는 그 거룩한 기록의 첫 단추를 함께 채워주는 조력자다. 그리고 그 기록 위에서 목회자는 다시 기도하고, 눈물 흘리며, 말씀의 칼날을 벼린다. AI는 나의 책상에서의 씨름을 돕고, 성령은 나의 심장을 이끈다. 나는 그 둘 사이에서 시대를 읽고, 하나님의 뜻을 전하는 사명을 기꺼이 감당할 것이다.

2-3. 평생교육을 위한 자기주도학습과 코칭 도구로의 활용 : 배우는 목회자, 질문하는 설교자

목회자가 지속적으로 성장하고, 성도 스스로 신앙을 점검하도록 돕는 데 AI는 강력한 코칭 도구가 될 수 있다. AI는 기록을 돕고, 성령은 방향을 인도하신다.

목회자는 가르치는 자이기 전에 배우는 자다. 세상은 빠르게 변화하고, 신학도, 리더십도, 목회의 현장도 끊임없이 새로운 도전을 제공한다. 변화하는 시대에 배움을 멈추지 않는 자만이 설교를 멈추지 않을 수 있다. 그러나 바쁜 사역과 감당해야 할 인간관계, 그리고 점점 빠르게 돌아가는 기술의 흐름 속에서 혼자 배움을 이어간다는 것은 결코 쉬운 일이 아니다. 이러한 상황에서 배우고 익히고 정리하고 나누는 모든 것을 AI가 도울 수 있다면, 목회자 말씀 묵상과 공동체 돌봄에 더 집중할 수 있게 될 것이다.

◦ 자기주도학습에의 갈망 : 사명을 위한 절박한 배움

나는 목회자이자 설교자로서 늘 배우는 자의 자세를 유지하고자 한다. 특히 다음과 같은 주제들에서 끊임없는 배움에 대한 갈망을 품고 있다. 설교 스피치는 나의 부족함을 늘 느끼는 부분이며, 신학 이론의 실제적인 적용은 급변하는 사회에 복음을 어떻게 풀어낼 것인지에 대한 고민을 안겨준다. 리더십에 대한 연구는 고정된 성도들의 마음을 어떻게 섬기고 변화시킬 것인가에 대한 끊임없는 질문이고, 성경의 역사적 배경과 현재 문화를 연결하는 것은 지금 이 시대에 본문이 어떻게 살아 움직이는가를 파악하는 데 필수적이다. 또한 과학기술(AI)은 시대 흐름에 뒤처지지 않기 위한 절박한 배움의 대상이다. 이러한 고민은 단순한 공부가 아니라, 나의 사명을 더욱 온전히 감당하기 위한 절박한 배움의 과정이다.

나는 자기주도학습을 위해 주제별 세미나에 참석하고, 관련 책을 구입하거나 도서관에서 다독하며, 강의를 시청하고 청취하는 등 다양한 방법을 실천해 왔다. 그리고 묵상과 질문, 기다림을 통해 하나님의 음성을 듣고, 사람들에게 배우려는 겸손한 자세를 잃지 않으려 노력한다.

하지만 문제는 늘 정리의 벽이었다. 정리를 하려면 너무 시간이 오래 걸려, 차라리 그 시간에 더 배우고 적용하는 쪽에 집중했다는 것이 나의 솔직한 고백이다. 결국 머리와 삶에는 깊이 체득된 내용이 있었지만, 그것을 다시 꺼내 글로 정리하고 세상에 나누는 일은 너무 어렵고 버거웠다. 그래서 나는 AI의 도움이 절실히 필요하게 되었다.

◎ AI, 나의 학습 정리 비서이자 거울

내가 원하는 AI 기반 학습 도우미의 기능은 다음과 같다. 읽은 책과 강의 내용을 핵심 위주로 요약 정리해 주고, 그 요약본을 블로그나 다른 콘텐츠로 표현 가능하도록 구조화해 주었으면 한다. 또한 학습 진도와 깊이를 추적할 수 있는 시스템을 통해 나의 배움의 여정을 시각적으로 확인할 수 있기를 바란다. 나만 볼 수 있는 비공개 피드백 리포트를 통해 나의 학습 상태를 객관적인 수치와 기준으로 피드백해 주는 기능도 필요하다.

이 AI는 단순한 정리기가 아니다. 내 학습의 정리 비서이자 거울이 되어주어야 한다. AI는 나의 학습 부족분을 채워주고, 내가 미처 보지 못했던 지식의 연결고리를 찾아주며, 나 자신을 더 객관적으로 성찰할 수 있는 거울이 되어줄 것이다.

평생교육을 위한 자기주도학습은 단순한 개인 훈련이 아니다. 그것은 목회자의 사역 필수 역량과 직결된다. 나는 다음과 같은 역량을 중요하게 꼽는다. 글쓰기와 책 출판 역량은 나의 생각을 정리하고 말씀을 기록하여 세상에 흘려보내는 능력이다. 묵상 루틴을 유지하는 것은 날마다 하나님 앞에 머물며 영적인 힘을 공급받는 필수적인 행위다. 독서 내용 요약 및 적용력은 방대한 정보에서 핵심을 파악하고 삶에 적용하는 지혜를 키우는 도구이며, AI 도구 사용 역량은 시대와 단절되지 않고 실용적인 지성을 준비하는 힘이다. 이 모든 것은 자기 자신을 관리하고 시대를 읽을 줄 아는 사역자로 살아가기 위한 기본기다.

◦ AI 코칭 도구의 가능성 : 질문하는 설교자로의 성장

내가 원하는 AI 코칭 기능은 일반적인 큐티나 묵상 지원을 넘어선다. 나는 설교자 자신이 먼저 성찰할 수 있도록 질문을 던지는 AI 코치를 원한다. 묵상한 성경과 사회 현실을 연결한 질문을 생성하

고, 입력된 교리를 바탕으로 설교에 신학적 피드백을 제공하며, 칼 바르트나 존 파이퍼, 존 웨슬리와 같은 신학자들의 사상을 근거로 설교에 깊이 있는 질문을 던져줄 수 있다면 좋을 것이다. 또한 사회 이슈와 뉴스 기사를 설교에 연결하는 질문을 제공하여 말씀의 시의성과 적용력을 높이는 데 도움을 주길 바란다. 이러한 기능은 설교자가 성도에게 묻기 전 자기 자신에게 먼저 묻게 한다는 점에서 AI는 '생각의 거울' 역할을 수행할 수 있다.

나는 내가 배운 것을 소그룹 교육, 설교, 세미나를 통해 여러 번 나누어왔고, 그럴 때마다 항상 긍정적인 반응을 얻었다. 그러나 이제는 나눔을 넘어, 기록과 리포트로 자기 성장 자체를 점검하기를 원한다. AI가 작성해 주는 '신앙 성장 리포트'에 다음 항목들이 포함되었으면 한다.

- 오늘 하나님 앞에서 무엇을 했는가?
- 오늘도 성령 충만한 시간이 있었는가?
- 말씀 중심으로 말하고 행동했는가?
- 쉬지 않고 기도했는가?
- 사회 이슈를 성경적으로 해석하고 있는가?
- 그 판단에 신학적 근거가 있는가?

이것은 단순한 리포트가 아니다. 하나님 앞에서의 '영적 회계 보고서'다.

나는 확신한다. 목회자가 배우고 성장하는 모습을 성도들이 본다면, 리더십은 확장되고, 설교에는 실질적인 은혜가 따르며, 헌신도는 기대 이상으로 변할 것이다. 그러나 동시에 이 모든 열매는 하나님의 은혜이며, 시기와 장소, 하나님의 때가 맞아야 한다는 것을 잊지 않는다.

◎ AI, 넘지 말아야 할 선이 있다

AI가 코치, 정리자, 도우미는 될 수 있지만, 그에게는 결코 넘지 말아야 할 선이 있다. AI는 영적 판단을 대신해서는 안 된다. AI는 지식과 경험을 바탕으로 조언할 수 있지만, 설교의 주제와 공동체의 방향을 결정하고 성도의 상태를 판단하는 권한은 오직 성령의 인도 아래 있어야 한다. 영적인 분별과 최종적인 결정은 언제나 목회자의 몫이다.

평생교육은 사명자의 평생 루틴이다. 그리고 이제 그 길을 함께 걷는 AI 코치와 동역자가 있다. 그 AI는 나의 기록을 정리하고, 내 설교에 질문을 던지며, 성도들을 향한 메시지를 더 깊고 분명하게 만들어준다. 그러나 그 모든 여정에서 결정은 언제나 말씀 앞에 선 목회자의 몫이며, 하나님을 향한 그의 변치 않는 헌신에 달려 있다.

3.
교회 밖 사역과 지역사회 이해

목회자가 '시대 읽기'와 '지역 공감' 역량을 확장하도록 돕는다.

3-1. 지역 데이터와 트렌드 분석 : '시대 읽기'와 '지역 공감' 역량을 확장하다

복음을 전하려면, 그 땅의 눈물을 알아야 한다. 빈집이 늘어나는 마을, 떠나가는 청년들, 문을 닫은 학교, 그리고 교회에서 멀어지는 사람들. 목회자는 어느 날 갑자기, 복음은 준비되어 있는데 사람은 없다는 현실 앞에 서게 된다. 목회의 무게가 더 무거워지는 이유는, 말씀보다 시대를 모르기 때문이 아니라, 시대를 읽을 시간이 없기 때문이다. 이제 AI가 지역과 사회의 흐름을 정리해 준다면, 목회자는 더 깊은 기도와 사람을 향한 사랑에 집중할 수 있을 것이다. AI는 목회자가 시대를 읽고 지역사회의 상황을 공감하는 데 필요한 통찰을 제공하여, 사역의 지평을 확장하고 더 효과적으로 복음을 전하도록 돕는다.

◎ 시대의 질문, 가슴에 품은 목회자의 고민

나는 목회자로서 이 시대와 지역사회에 대한 깊은 질문들을 마음에 품고 있다. 왜 이 지역의 출산율이 이렇게 낮은지, 왜 청년들이 떠나고 다시 돌아오지 않는지, 고령화가 심화되면서 교회는 어떻게 세대를 연결할 수 있을지 고민한다. 또한 학생들은 어떤 문화에서 살아가고 있으며, 우리는 얼마나 그들의 언어를 알고 있는지 자문한다. 사람들이 왜 교회를 떠나는지, 그리고 이 모든 문제 뒤에 숨어 있는 시대적 흐름은 무엇인지 알고 싶다. 이것은 단순한 통계나 수치를 향한 질문이 아니다. 사람에 대한 질문이고, 하나님이 그 땅을 어떻게 바라보시는가에 대한 간절한 물음이다.

지금까지 지역사회의 정보는 주로 뉴스, 유튜브, SNS, 지인들과의 대화, 그리고 현장에서 직접 체감하는 것을 통해 얻어왔다. 행정 자료나 통계청 데이터를 활용하려 시도하기도 했지만, 자료가 너무 방대하거나 접근이 불편하여 지속적인 활용은 어려웠다. 바쁜 목회자의 입장에서, 분석된 요약본과 핵심만 정리된 리포트가 절실한 이유였다. 정보는 넘쳐나지만, 목회자의 눈높이에 맞게 정리된 자료는 드물다는 현실을 늘 마주해 왔다.

◦ AI, 지역사회의 눈물을 읽는 통찰력을 주다

AI가 지역사회를 더 잘 이해하도록 도울 수 있다. 나는 단순한 데이터가 아니라, '사람을 보는 정보'를 원한다. AI가 지역 인구 변화와 세대 분포, 기독교를 포함한 종교별 통계와 인식, 청년들의 정서, 성향, 트렌드 변화, 아이들과 학생들의 가치관과 문화 흐름을 분석하여 제공해 주면 큰 도움이 된다. 이러한 정보는 전도 전략을 세우기 위한 통계가 아니라, 사람을 향한 공감과 회복의 사역으로 교회를 이끌기 위한 이해의 기초가 된다.

나는 그 일이 무엇이든, 사람을 살리고 사람답게 살도록 동기를 부여할 수 있다면 다 하고 싶다. 기회를 잃은 아이들, 청년들, 꿈을 포기한 이들에게 다시 일어설 용기와 기회를 주는 일을 하고 싶다. 목회자로서 힘든 것은 감당할 수 있어도, 절망하는 청년들의 눈을 보는 일은 견디기 어렵다. 이러한 사역이 단지 전도 프로그램으로 끝나지 않도록, AI가 지역 분석을 '사람 회복'으로 연결하는 도구가 되어야 한다. AI가 제공하는 정보는 요약 리포트 형식, 지도 기반 시각화, 차트와 키워드 정리 형태로 주어지며, 출처를 명시하여 신빙성을 확보하도록 지시해야 한다. 정보는 많지만, 목회자의 눈높이로 재구성된 정보는 드물다는 현실에서, AI가 보기 쉽고, 믿을 수 있고, 바로 써먹을 수 있는 자료를 제공하도록 프롬프트해야 한다.

◎ **통계를 넘어선 해석 : AI, 사역의 나침반이 되다**

AI가 단순히 숫자만 보여주는 것이 아니라, 변화의 원인 추정, 사회적 흐름 해석, 목회적 시사점 제안, 미래 방향 예측, 그리고 지금 당장 할 수 있는 대응 제안과 같은 해석과 제안이 함께 있어야 비로

소 그 자료가 의미 있다. 정보는 '무엇'이고, 설교는 '왜'이며, 사역은 '그래서 어떻게'라는 흐름이 있어야 한다. AI는 이 과정 전체를 '설명-통찰-결단'으로 이어주는 가이드가 될 수 있도록 도와준다.

나는 지역사회와 연결되는 교회의 사역 중 하나님의 뜻에서 벗어난 문화와 삶을 말씀으로 돌이키는 것을 가장 중요하게 생각한다. 예수님의 인성을 닮아가는 인격 회복과, 좌절 속에서 다시 도전하고 개척하도록 용기를 심어주는 것에 특히 마음을 두고 있다. 나는 단지 프로그램을 기획하는 사람이 아니라, 한 사람의 삶이 다시 불붙기를 바라는 영적 동반자다. 지역사역의 본질은 '돕는 일'이 아니라 '돌이키게 하는 일'이며, 이는 이 시대에 교회가 존재해야 하는 이유를 다시 묻게 한다.

◉ 지역 데이터를 사역에 녹여내다 : AI의 구체적인 활용

나는 지역 데이터나 트렌드 정보를 설교나 교육 자료로 연결하는 다양한 방식을 시도하고 있다. 설교 예화로 지역 상황을 말씀과 자연스럽게 연결하고, 이를 유튜브 콘텐츠와 방송 기획에 활용하며, 블로그나 밴드, 카카오톡 등을 통해 핵심 메시지를 전달한다. AI가

있다면 이러한 연결을 더욱 효과적으로 확장할 수 있다.

AI는 설교 본문에 맞는 지역 이슈를 자동으로 추천해 주고, 설교 자료나 교육 콘텐츠로 활용하게 할 수 있다. 또한 소그룹 나눔 질문을 자동 구성하고, SNS용 요약 카드 콘텐츠를 생성하여 설교 요약과 지역 트렌드, 적용 메시지를 담을 수 있다면 효율성이 크게 높아질 것이다. AI는 '지역을 이해하는 것'에서 그치지 않고, '지역을 섬기는 설교자'로 연결해 주는 도구가 될 수 있다.

◎ 마음 아팠던 기억, 그리고 AI 사역 아이디어의 방향

지역의 실제 상황을 보며 가장 마음 아팠던 기억은 이웃의 빈집이 늘어나고 마을이 사라지는 것 같을 때, 공동체의 붕괴를 예견하며 큰 무력감과 책임감을 느꼈던 일이다. 또한 청년들이 도전과 믿음을 포기하고 교회에서 이탈하며 낙심할 때 느낀 마음의 무게는 말로 표현할 수 없을 정도였다. 이 눈물을 누가 알고 있을까? 이 눈물을 가진 목회자는 그 심정을 가지고 AI에게 생각을 전달하고 지시한다. 그러면 AI는 사역에 대해 분석하고 제안해 준다.

AI가 지역 분석을 통해 목회자를 위한 사역 아이디어를 제안한다

면, 설교 주제와 연결된 사역 아이디어 추천, 우선순위 기반 사역 로드맵 제공, 그리고 전도 대상자와 대상 유형별 접근 전략 제시를 요청한다. 하지만 이 기능은 단순한 '자동 생성'이 되어서는 안 된다. AI는 먼저 목회자를 분석해야 한다. 적성검사, 성향 파악, 설교 스타일 분석 등을 통해 목회자가 잘할 수 있는 사역 분야를 파악해야 한다. 그리고 지역을 분석해야 한다. 인구 구조, 문화, 이슈, 세대 흐름 등을 파악하여 지역 맞춤형 전도 전략을 설계해야 효과가 있을 것이다. AI는 일방적인 제안이 아니라, 목회자의 성향과 그 지역의 특성을 교차 분석해 하나님의 부르심에 맞는 전략을 제시하는 도우미가 될 수 있다.

◎ **시대를 읽고 영혼을 돌보는 목회자**

하나님은 말씀하시고, 시대는 흐르고, 목회자는 해석한다. 지역 통계는 하나님이 보내시는 '사회적 사인(sign)'일 수 있다. 사람들이 떠나는 마을, 문을 닫는 학교, 무너지는 청년들의 마음. 이 모든 현상에 하나님이 하시고 싶은 말씀이 담겨 있다. AI는 그 현상을 정리해 주고, 성령은 그 말씀을 조명해 주며, 목회자는 그 둘 사이에서 설교자가 아닌 해석자로, 시대의 중보자로 서게 될 것이다. 나는 AI의 도움으로 시대를 더욱 깊이 읽고, 지역사회의 상황을 공감하며, 하나님의 뜻을 이 땅에 전하는 목회자가 되기를 소망한다.

3-2. 사회문제 대응 자료 수집과 대응 : 교회가 침묵하면 세상은 교회를 잊는다

AI는 교회가 사회 문제에 대해 적절히 반응하고 말씀으로 해석할 수 있도록 돕는 강력한 도구가 될 수 있다.

교회가 침묵하면, 세상은 교회를 잊는다. 청소년들이 마약으로 체포되고, 청년들이 도전 대신 포기를 택하며, 학교 안에서는 교권이 무너지고 있다. 정치는 대립으로만 치닫고, 젠더와 동성애 문제는 신앙을 혼란스럽게 한다. 디지털 중독은 감정을 잃게 하고, 세대 간 대화는 단절된다. 이 모든 사회 문제는 목회자의 설교와 무관하지 않다. 사회 문제는 시대를 향한 하나님의 울림이며, 그 울림을 해석하는 자리는 바로 설교단이다. AI는 목회자가 이러한 사회 문제들을 말씀으로 해석하고 대응하는 일에 필요한 자료를 수집하고 정리하는 데 도움을 줄 수 있다.

◎ 사회의 아픔을 읽는 목회자의 눈

나에게는 현재 우리가 직면한 사회 문제들이 매우 무겁게 다가온다. 교권 붕괴, 정치적 분열과 갈등, 젠더/동성애 이슈, 세대 간 단절, 디지털 중독, 청소년 마약 문제는 단순한 사회 현상이 아니다. 이것은 하나님의 형상을 따라 지음받은 인간의 존엄성이 무너지고 있는 현실을 적나라하게 보여준다.

이러한 사회 이슈에 대한 정보는 주로 기사 검색이나 유튜브 분석 영상 시청을 통해 얻어왔다. 하지만 이 정보들은 설교나 교육에 바로 쓸 수 없을 정도로 분산되어 있고 정리되어 있지 않다는 한계가 있었다. AI는 이러한 이슈들을 설교자의 필요에 맞게 요약, 해석, 정리해 주는 동역자가 될 수 있을 것이라고 기대한다.

◎ AI, 침묵하는 교회를 깨우는 통찰

AI가 사회 문제에 대한 정보를 정리해 준다면, 나는 다음과 같은 이상적인 방식을 바란다. AI가 핵심 이슈를 요약하고, 이에 대한 찬반 논리 구조를 정리하며, 무엇보다 신학적 관점에서 해당 이슈를 요약해 주었으면 한다. 또한 설교에 바로 연결할 수 있는 핵심 포인트를 제시하고, 교회가 이 문제를 놓고 함께 기도할 수 있는 여지를 남겨주기를 원한다. 아직 사용해 보지는 않았지만, 프롬프트를 조절하면 좋은 결과가 도출될 것으로 예상한다. AI는 단순한 정보 요약을 넘어, 설교자의 눈물의 원인을 찾아오고, 함께 해석하며, 함께 질의응답하는 '조력자'가 되어야 한다.

교회가 사회 이슈에 무관심하면 사람들은 교회를 이 세상과 무관한 저세상의 존재로 여기게 된다. 결국 교회는 사회적 영향력을 잃고, 청년들은 교회를 떠나며, 사회적 신뢰도는 하락하고, 복음의 가치 자체가 희석될 위험에 처한다. 이는 단지 실수나 전략 부족이 아니라, 하나님의 사명을 회피하는 일이 될 수도 있다.

사회 이슈를 설교하는 것은 목회자에게 큰 부담으로 다가온다. 성도들이 이슈 자체에 불편함을 느끼거나, 설교의 메시지가 정치적으로 오해될까 하는 불안감이 있다. 또한 복잡한 사회 이슈에 성경 말씀을 정확히 연결하는 것도 매우 어렵다. 그래서 더욱 필요한 것이 정확한 연구, 신뢰 가능한 데이터, 그리고 신학적 해석의 도우미다.

◎ AI, 말씀으로 세상을 해석하는 눈을 갖게 하다

AI는 이러한 어려움 속에서 목회자를 도울 수 있다. AI는 이슈에 맞는 성경 본문을 추천하고, 사회 이슈와 성경의 연결 예시를 제공하며, 성경적으로 가능한 해결 방안과 적용점을 제안할 수 있다. AI는 단순한 정리기를 넘어, 설교자가 '말씀으로 세상을 해석하는 눈'을 갖도록 돕는 해석 파트너가 될 수 있다.

사회 문제를 성도들과 나눌 때, 나는 주로 소그룹 토론 중심 방식이나 셀모임 내 적용 질문 형식을 활용한다. 설교가 방향을 제시한다면, 소그룹은 그 방향에 '삶'을 묶어내는 공간이 되기 때문이다. 사회 문제에 대한 교회들의 대응 사례는 많지 않지만, 일부 교회는 세미나, 캠페인, 전문 사역 등으로 적극적으로 대응한다. 비록 사례가 많지 않더라도, 그 사역의 방향성 자체에서 영감을 얻을 수도 있다.

사회 문제에 잘 대응하기 위해 교회가 가장 먼저 해야 할 일은 정체성 회복이다. 성도들이 예수님을 닮은 자로서 스스로를 인식하게 하고, 하나님의 창조 질서 안에서 청지기로서의 다스림을 자각하게 하며, 사회·환경·문화 전반에서 하나님의 사명을 감당하도록 성도들을 교육하고 동기를 부여하는 것이 중요하다. 이것은 단지 지식을 쌓는 것이 아니라, 교회의 존재 이유를 회복하는 과정이다.

◎ AI, 목회자의 사명과 함께 나아가다

AI가 사역 아이디어를 제안할 때, 다음의 두 가지를 분명히 지켜야 할 것이다(우리의 프롬프트에 달려 있다). 첫째, 신학적으로 편향되지 않고 정치적으로 중립적이어야 한다. 둘째, 성도들의 삶을 감정적으로 자극하지 않고, 현장에 적용 가능한 방식으로 제안해야 한다. AI가 정보를 제공하지만, 결정과 책임은 오직 하나님 앞에 선 설교자의 몫이다.

AI는 목회자를 분석해야 한다. 목회자도 AI를 필터링해야 한다. AI는 다양한 자료의 검색을 통해 작업하기 때문에, 자료의 범위를 결정해 주는 프롬프트나 목회자가 업로드한 자료 안에서 검색하게 하는 시스템을 사용할 필요가 있다.

사회 문제는 복음의 적이 아니라, 복음이 필요한 자리다. 교회가 사회 문제에 반응하지 않으면, 복음은 시대를 관통하지 못하고 교회 안에 갇히게 된다. AI는 정보를 요약하고, 설교자는 그 위에 말씀을 세우며, 성령께서는 공동체에 진리를 심으신다. 말씀과 사회 사이에 다리를 놓는 설교자, 그의 곁에 AI는 언제나 작은 등불로 함께 서 있어야 한다.

5장

AI 시대, 목회자의 자리

1.
AI 기반 목회 전략 수립과 협업

AI는 사역의 전반을 구조화하고 반복되는 일들을 자동화하여 목회자가 사람과 성령의 흐름에 더 집중할 수 있도록 돕는다.

사역은 매년 반복되지만, 사람은 매년 달라진다. 한 해가 시작되면 목회자인 나는 다시 교회 달력을 펴고, 예배, 행사, 훈련, 교제, 전도 계획을 세운다. 그러나 해마다 느끼는 것은 비슷하게 짰는데도 작년과 올해가 다르다는 현실이다. 바뀐 인원, 바뀐 재정, 바뀐 시대 분위기에서 사역은 언제나 계획을 넘어 '조정'의 지혜가 필요하다. 이제 AI가 목회 전략의 반복되는 요소들을 정리해 주고, 목회자는 사람과 성령의 흐름에 더 집중할 수 있는 시대가 되었다.

◎ 전략 수립의 현실과 AI의 잠재력

나는 담임목사로서 연간·월간 주제를 제시하고, 기본 사역 계획을 담은 엑셀 파일을 각 팀에 배포하여 팀 회의 후 보완된 계획들을 다시 취합하는 체계적인 시스템을 운영해 왔다. 이 과정은 담임목사의 비전 주도력과 사역팀의 자율성 및 참여를 모두 살리는 좋은 구조다. 그러나 문서 정리, 중복 체크, 실행률 관리 등에서 시간과 에너지가 소모되기 쉬웠다.

여기서 AI가 도와줄 수 있는 역할은 단순히 일정을 생성하는 것이 아니다. 나는 AI가 월별 사역 주제 및 일정 제안, 부서 회의록 자동 요약 정리, 제안된 사역의 실행 방향·방법·타임테이블 추천, 그리고 과거 사역 데이터를 기반으로 한 사역 분석 및 비교 제안과 같은 실질적인 기획에 동역하도록 허용할 수 있다. 즉, AI는 단순한 달력 관리자가 아니라 '비전 설계의 아이디어 파트너'가 될 수 있다는 것이다. 보통 목회자는 신년 계획을 위해 기도하는 시간을 갖는다.

집중적으로 기도하기 위해 기도원을 찾기도 한다. 또 시간을 두고 작정기도를 한다. 깊은 묵상 가운데 하나님의 감동을 얻고 내년의 방향을 정한다. 하지만 그 구체적인 기획은 목회자의 역량에 달려 있다.

전략 수립에 어려움을 경험하게 되는 때는, 누락된 사역이 나중에 발견되어 일정이 엉키거나 부담이 더해지는 경우, 현실과 동떨어진 이상적인 계획으로 실행 가능성과 거리가 멀어지는 경우, 그리고 인력 배치 문제로 일은 많지만 책임질 사람이 부족한 경우다. 이는 단지 구조의 문제가 아니라, 사역을 설계할 때 '사람'을 놓치면서 생기는 한계다.

◎ **맞춤형 전략과 실패로부터의 학습 : AI의 역할**

AI가 맞춤형 전략을 제안하려면, 교회 규모, 성도 연령층 분포, 지역 특성과 문화적 배경, 사역팀의 실제 구성과 역량, 재정 상황, 성도들의 직업과 생활 조건과 같은 요소들을 고려해야 한다. 즉, AI는 그 교회의 정황을 먼저 이해한 뒤 비로소 사역을 제안할 수 있다. 목회자는 이러한 자료를 제시하고, AI와 협업하여 아이디어를 얻을 수 있다.

과거에 나의 사역이 중단되거나 흐지부지된 이유를 살펴보면 우선 직분자들의 공감 부족으로, 좋은 계획을 세웠어도 그들의 마음이 따라오지 않아 지속되지 않았기 때문이다. 또한 실무 리더의 부재 또는 열정 저하, 피드백 구조의 부재로 개선 없이 반복되는 실수, 그리고 재정과 생활의 어려움과 같은 현실적 제약도 있었다. 이것이 바로 사역이 '달력의 일정'이 아니라, 사람 중심 전략이어야 하는 이유다.

나는 AI가 작년 일정과 보고서, 사례를 바탕으로 올해 계획을 세울 때 보완 사항과 준비 사항을 체크해 줄 수 있을 것이라고 생각한다. 이런 기능은 목회자의 부담을 줄이고, 해마다 사역이 조금씩 성숙해지도록 도와줄 수 있다. 과거 리더들과의 회의나 평가가 진행되었지만, 사후 피드백이 체계적으로 남지 않아 같은 실수가 반복되었던 경험이 있다. 그래서 피드백은 반드시 기록하고 보관해야 하며, 다음 계획을 세울 때 지난 회의록과 비교하며 전략을 짜야 한다. AI는 이 과정을 정리·제안하는 파트너가 될 수 있다.

◦ AI, 전략적 누적 자산의 관리자

AI가 피드백을 정리하는 데 도움을 줄 수 있는 기능은 회의 내용 요약, 주요 개선점 추출, 문서 자동 분류/보관, 그리고 차기 계획 수립 시 연결 제안이다. 이러한 기능은 단순 기록이 아니라 전략적 누적 자산(Strategic Knowledge Asset)이 된다.

하지만 AI가 결코 넘지 말아야 할 선이 분명히 있다. 관계 형성, 기도와 분별, 공동체 분위기 형성 이 세 가지는 AI가 아닌 목회자의 고유 사역이다. 성도 한 사람 한 사람에게 눈을 맞추고, 그 눈물의 이유를 붙들며, 하나님의 음성을 듣고 결단하는 자리, 그 자리는 오직 목회자의 몫이다.

AI가 좋은 사역 코디네이터가 되기 위해선 다음과 같은 방식이 바람직하다. 통합적 사고는 담임목사가 주도하고, AI는 모아진 자료들을 정리하고 비교하며 추천하는 전략 보조자 역할을 수행하는 것이다. 많은 문서를 함께 묶어주는 코디네이터 기능도 중요하다. 앱 기반 통합 시스템으로 연결되어 피드백, 계획, 보고까지 이어지면 이상적일 것이다.

◎ AI와 함께 영혼을 돌보는 목회

계획은 반복되지만, 사람은 변한다. AI는 기록을 맡고, 목회자는 영혼을 맡는다. 교회 사역의 핵심은 일정이 아니라 사람이다. 그러나 사람을 살리기 위해선 계획이 단순하고 반복 가능하며, 그에 대한 피드백이 명확해야 한다. AI는 이제 목회자의 비전 설계와 사역 운영의 보조 엔진이 될 수 있다. 그러나 사람을 살피고, 영혼을 안고 기도하며, 공동체를 품는 일은 오직 목회자의 손과 무릎으로만 가능하다. AI의 도움으로 사역의 효율성을 높이고, 목회자는 더욱 깊이 영혼을 돌보는 일에 집중할 수 있기를 소망한다.

2.
콘텐츠 아카이빙과 출판 시스템

2-1. 설교/강의 원고 정리 자동화 : 흩어진 말씀을 모아 다시 은혜가 흐르게 하다

설교는 기록되고, 정리되고, 연결되어야 비로소 살아있는 영적 자산이 된다. AI는 이 모든 과정을 효율적으로 지원하여, 목회자가 말씀을 다음 세대와 나누고 확장하는 데 집중할 수 있도록 돕는다.

기록은 사라지지 않는다. 정리는 사라지지 않게 만든다. 매주 설교가 선포되지만, 그 설교가 한 사람의 인생을 바꿀 만큼 귀한 자료가 되려면 기록되고, 정리되고, 연결되어야 한다. 기억에만 남겨두기엔 아까운 메시지들, 책상 서랍과 컴퓨터 폴더에 흩어진 원고들을 이제는 AI가 함께 정리해 줄 수 있는 시대가 되었다. AI의 도움으로 말씀이 다시 살아나고, 그 정리된 자료는 교육과 출판의 귀한 자원이 될 수 있다.

◎ 정리의 습관, 디지털 전환의 과제

나는 10년 이상 설교와 강의 원고를 컴퓨터에 백업하며 관리해 왔다. 특히 2년 전부터는 구글 문서와 드라이브 기반의 클라우드 정리 시스템으로 전환하여 기록의 지속성과 접근성을 크게 높였다. 하지만 이러한 변화에도 여전히 어려움은 남아 있었다. 이전 자료와의 연계성, 방대한 양 속에서의 효율적인 검색, 그리고 주제별 자료 정리에 한계가 있었다. 어디에 있는지는 대충 아는데, 막상 찾다가 못 찾으면 그냥 새로 만드는 일은 중복 작업과 시간 낭비로 이어졌고, 때로는 말씀의 감동이 정리되지 못한 채 사라지는 아쉬움을 남겼다.

내가 원하는 분류 기준은 다음과 같다. 먼저 주제별로 핵심 메시지에 따라 분류하여 설교의 맥락을 한눈에 파악하고 싶다. 다음으로 연도/월별로 시간 흐름을 기준으로 정리하여 사역의 변화와 성장을 추적하고자 한다. 절기별 분류는 교회력 흐름에 맞춰 관련 설교를 쉽게 찾을 수 있도록 돕고, 시리즈별 분류는 동일 주제로 연결된 설교들을 한데 묶어 깊이 있는 공부 자료로 활용하려는 목적이다. 마지막으로 타 교회 초청 설교/행사별 분류는 외부 강의나 특별한 일정을 정리하는 데 필요하다. 이러한 분류 기준은 단순한 정리를 넘어, 설교를 다시 묵상하고 활용하게 만드는 구조적인 틀이 될 것이다.

◎ AI, 목회 전략의 핵심 조력자

설교 원고를 정리하는 이유는 단순 보관이 아니다. 나는 다음과 같은 명확한 목적을 가지고 있다. 첫째, 설교 패턴을 분석하여 지나친 반복이나 편향된 메시지는 없는지 점검하고 싶다. 둘째, 중복 설교를 방지하고 동일 본문을 더욱 풍성하게 재활용하기 위함이다. 셋째, 성도들의 교육 상태를 파악하여 그들이 어떤 말씀을 들었고, 어떤 성장을 이루었는지 확인하는 데 활용한다. 넷째, 나눔 자료나 리더 교재를 제작하여 공동체의 영적 성장을 돕고 싶다. 마지막으로, 책 출판이나 교재 집필의 기초 자료를 확보하여 말씀을 더 넓게 나누려는 비전이 있다. 이러한 목적은 정리를 단순히 '자료 관리'가 아닌 '목회 전략'의 한 축으로 바라보게 한다.

AI가 설교나 강의, 논문 자료를 정리해 줄 때 가장 기대하는 기능은 시리즈 구성 자동 제안이다. 동일 주제나 본문을 AI가 인식하여 설교 시리즈로 묶어주고, 시리즈의 흐름에 맞게 부제와 적용 질문까지 제안해 준다면 출판이나 성경 공부 교재로 바로 확장 사용이 가능할 것이다. 이 외에도 본문/주제 기반 자동 분류, 요약 정리 및 키포인트 추출, 적용 질문 자동 생성, 블로그/책/뉴스레터 등 다양한 문서 템플릿 자동 생성과 같은 기능도 매우 유용할 것이다. AI는 나의 지식 정리 비서이자, 나의 학습을 객관적으로 피드백해 주는 거울이 되어줄 것이다.

◎ 말씀 콘텐츠의 확장, AI와 함께 날개를 달다

나는 설교 기반 교재를 두 차례 제작해 본 경험이 있으며, 현재도 출판을 준비 중이다. 교재 제작 과정에서 유독 어려웠던 것은 퇴고(문맥 흐름, 어조, 길이 다듬기), 편집(전체 구조와 목차 잡기), 그리고 디자인(본문 구성과 표지)이었다. AI가 이 세 가지 영역에서 설교자의 '감성'을 지키면서 보조해 줄 수 있다면, 출판은 더는 부담이 아닌 선교의 통로를 만드는 즐거운 일이 될 것이라 확신한다.

나는 유튜브와 홈페이지를 통해 설교를 공유해 왔지만, 홍보와 마케팅 부족으로 전달률이 낮다는 한계를 느꼈다. AI가 설교 콘텐츠를 다음과 같이 재구성해 준다면 큰 도움이 될 것이다. AI는 설교를 블로그 글로 자동 구성하고, 카카오톡이나 뉴스레터용 요약 영상 스크립트를 작성하며, QR 코드 또는 링크를 자동 생성해 줄 수 있다. 또한 카드 뉴스, 예화 중심 요약, 검색용 태그 부여 등 다양한 형식으로 콘텐츠를 확장할 수 있다. 이러한 기능은 설교 하나로 5가지 콘텐츠를 만드는 AI 확장 도구가 되어, 복음의 메시지가 더 넓은 세상으로 흘러가도록 도울 것이다.

◎ 기록된 은혜는 다시 흐른다

말씀은 기록될 때 기억되고, 정리될 때 다시 흐른다. 설교는 그날만의 은혜로 끝나지 않는다. 말씀이 잘 정리되면 책과 교재가 되고,

다시 다음 세대를 가르치는 생명력 있는 자원이 된다. AI는 이 사역의 기록을 보존하고 흐르게 하는 '말씀 아카이빙 조력자'가 될 수 있다. 그러나 감동의 본질, 회개의 떨림, 간증의 체온은 설교자만이 붙들 수 있는 고유한 영역이다.

나는 확신한다. AI는 설교자로서의 나의 기록을 정리하고, 내 설교에 질문을 던지며, 성도들을 향한 메시지를 더 깊고 분명하게 만들어 줄 것이다. 그러나 그 모든 여정에서 결정은 언제나 말씀 앞에 선 목회자의 몫이며, 성령의 인도를 따르는 목회자의 헌신에 달려 있다.

2-2. 주제별 콘텐츠 관리와 출판 흐름 자동화 : 설교가 복음을 흐르게 하는 통로가 되다

설교는 단지 한 주간의 은혜로 끝나지 않는다. 잘 정리되고 자동화된 시스템을 통해 교재, 영상, 블로그 글, 책 등으로 확장될 수 있다면, 그 말씀은 또 다른 시간과 장소에서, 또 다른 이들의 삶을 변화시키는 복음의 통로가 된다.

목회자는 매주 설교를 준비한다. 하지만 이 설교가 그날의 은혜로만 머무르지 않고, 교재로, 영상으로, 블로그 글로, 책으로 확장될 수 있다면, 그 말씀은 또 다른 시간과 장소에서, 또 다른 이들의 삶을 변화시키는 강력한 복음의 통로가 될 것이다. AI는 이러한 말씀 콘텐츠의 체계적인 관리와 자동 확장을 지원하여 목회자의 사역을 더욱 풍성하게 만들어준다.

◎ 말씀 데이터베이스 구축과 확장

나는 오랜 시간 동안 설교를 연도별 1차 분류, 주제별 2차 폴더 정리 방식으로 체계적으로 관리해 왔다. 가정, 감사, 고난, 관계, 기도, 성령, 십자가, 예수, 제직, 지옥, 전도, 예화, 인물, 회복, 멘토 목사 설교 등 다양한 주제로 분류된 이 자료들은 단순 보관을 넘어, 복음을 다시 흐르게 할 귀중한 원천 자산이 된다.

AI는 이러한 설교 자료를 다양한 콘텐츠로 확장하는 데 혁신적인 자동화 기능을 제공할 수 있다. 나는 AI를 활용하면서 다음과 같은 기능을 기대한다.

● 설교 시리즈 추천: 비슷한 주제나 본문을 AI가 자동으로 묶어

'시리즈 설교 기획안'을 제공한다면, 체계적인 설교 기획에 큰 도움이 될 것이다.

● 교재 목차 자동 구성: 각 설교의 핵심 흐름을 분석하여 '주제-소주제-적용 질문' 구조의 교재 목차를 자동으로 제시해 주는 것이다.

● 영상 대본 자동 생성: 설교문을 요약하여 유튜브용 2~3분짜리 영상 대본으로 변환해 준다면, 짧은 영상 콘텐츠 제작에 드는 시간을 획기적으로 줄일 수 있다.

이 외에도 블로그 글 자동 생성, 큐티/적용 카드뉴스 제작, 설교 시청자용 QR 코드 및 링크 자동 생성, 주보/카카오톡용 요약 전달 콘텐츠 제작 등 AI는 '기록된 말씀'을 다양한 포맷으로 흘려보내는 확장기 역할을 수행할 수 있다.

◎ 설교, '사역 도구'로 리메이크되다

나는 설교를 곧장 출판하는 방식보다는, 설교를 기초로 재구성하여 교재나 다른 콘텐츠로 리메이크하는 방식을 선호한다. 예를 들어, 리더북과 참여북으로 구성된 양육 교재, 설교 적용 중심의 워크북, 또는 주제별 미디어 시리즈(강의 영상, 소책자, 팟캐스트 등)로 확장되기를 기대한다. 설교가 '그날의 은혜'로만 머무르지 않고, 시대를 향한 '살아있는 사역 도구'로 쓰이기를 바란다.

목회자 혼자 이 모든 것을 감당하기에는 역부족이다. 그러나 AI의 상향 평준화 도구로 훈련된 리더들이 있다면, 교회는 '콘텐츠 사역 공동체'로 진화할 수 있다. 자료 정리, 디자인 감성 향상 담당, 영상 편집팀(실사, 애니메이션 등), 홍보·감수팀, 블로그·카카오 콘텐츠 운영자 등으로 역할을 분담할 수 있다. AI는 단순 도구가 아닌, 이러한 디지털 선교 플랫폼의 핵심 엔진이 될 것이다.

◦ 말씀 사역의 경계 : AI가 넘을 수 없는 영혼의 영역

그러나 말씀 사역에 AI가 개입할 때는 반드시 지켜야 할 선이 있다. AI는 감성을 삭제해서는 안 된다. 인간의 떨림과 회개, 감동의 문장을 그대로 보존해야 한다. 설교자의 개인적인 경험과 간증은 단순한 정보가 아니라 메시지의 '심장'이므로, 이를 온전히 보존해야 한다. 또한 AI는 말씀 중심의 해석을 유지하고, 이단적 정보나 비성경적 해석을 철저히 필터링해야 한다. AI는 정리와 확장의 조력자일

뿐, 설교의 권위와 감동은 오직 말씀과 설교자 안에 있다. AI는 문장을 아름답게 만들고, 단순 요약체가 아니라 은혜가 머무는 문장을 만들어야 한다. 그러기 위해서는 프롬프트나 인스트럭션의 활용을 통해 훈련시켜야 한다.

이러한 콘텐츠 자동화, 아카이빙, 확장은 단지 효율의 문제가 아니다. 실제적으로 기대되는 변화는 다음과 같다. 복음의 영향력이 확산되어 더 많은 채널을 통해 더 넓은 층의 수신자에게 도달할 수 있다. 설교 반응도 향상되어 요약 자료, 반복 노출, 시청/적용 추적을 통해 성도들의 반응을 더욱 정확히 이해할 수 있다. 성도 훈련 효과가 증가하여 교재화, 질문지 연계, 개인 피드백을 통해 맞춤형 양육이 가능해진다. 마지막으로 목회 전략의 다양화를 통해 회복, 전도, 치유, 교육 등 세분화된 사역을 효과적으로 전개할 수 있다.

◎ 말씀은 흘러야 하고, 그것은 준비된 통로를 타고 간다

이제 목회자는 매주의 설교 사역만이 아니라, 그 설교가 다시 교재가 되고, 콘텐츠가 되고, 복음의 도구가 되도록 AI와 함께 확장 사역을 설계하는 시대에 와 있다. 설교자가 해야 할 일은 말씀 앞에

머무는 일이며, 나머지는 그 말씀을 흐르게 하는 기술이 도울 수 있다. AI의 도움으로 말씀의 확장을 이루고, 더욱 깊은 영적 사역에 집중하는 것이 나의 비전이다.

2-3. 콘텐츠 저장·검색·재사용 시스템

말씀은 사라지지 않는다. 다만 우리가 찾지 못할 뿐이다. AI는 설교/강의/글 자료를 잃어버리지 않고 쉽게 찾으며, 반복 사용 가능하게 만들어, 목회자가 기도와 눈물로 준비했던 하나님의 메시지를 다시 활용하고 확장할 수 있도록 돕는다.

많은 목회자가 정리해 둔 설교나 강의, 글 자료를 어느 순간 찾지 못해 다시 만들거나 아예 포기한 경험이 있을 것이다. 그 순간의 허탈함은 단순히 문서를 잃은 것이 아니라, 기도와 눈물로 준비했던 하나님의 메시지를 놓친 것 같은 안타까움에서 오는 것이다. 우리는 이제 말씀을 저장하고, 다시 찾고, 재사용할 수 있는 시스템이 절실히 필요한 시대를 살고 있다.

◎ 저장과 정리, 그리고 AI의 역할

나는 현재 구글 드라이브와 외장 하드를 중심으로 설교 및 강의 자료를 보관하고 있다. 이는 접근성과 안정성 측면에서는 훌륭하지만, 자료가 분산되고 정리가 일관되지 않아 찾는 데는 어려움이 많다. 분명히 어딘가에 있는데, 정리가 되어 있지 않으면 마치 그 자료가 존재하지 않는 것 같음을 절실히 느낀다.

나는 이렇게 정리된 설교/강의/글 자료를 단지 다시 보기 위한 기록이 아니라, 다음 사역으로 확장하는 자산으로 보고 있다.

● 리더 훈련 교재: 체계적으로 정리된 설교 자료는 리더들을 양육하는 데 귀한 교재가 될 것이다.

● 블로그 콘텐츠: 설교의 핵심 내용을 블로그 글로 재구성하여 더 많은 사람과 나눌 수 있다.

● 책 출판의 기초 자료: 오랜 시간 쌓아온 설교 원고는 책 출판의 든든한 기초 자료가 되어줄 것이다.

● 논문 연구의 출처 정리: 학술적인 연구를 진행할 때, 나의 설교와 글이 중요한 참고 자료가 될 수 있다.

정리되지 않은 설교는 지나간 은혜이고, 정리된 설교는 다시 흐르는 복음이다. AI가 자료를 정리할 때는 반드시 '감성'을 보존하게 해야 한다. 개인 경험과 간증은 삭제하지 말고, '#개인간증'과 같은 태그로 따로 분류하게 하면 활용도는 더 커질 것이다. 정리된 설교 자료는 구글 문서 링크와 PDF 파일 형태로 제공될 때 가장 실무적으로 유용하다. AI는 단순히 말씀을 요약하는 기계가 아니라, 감동을 보존하는 조력자가 되어야 한다.

◎ 자동화된 시스템의 비전과 AI의 한계

내가 그리는 자동화된 정리 시스템의 비전은 이렇다. 전체 폴더에 이동만 하면, 연도별로 자동 분류되고, 복사본은 주제별로 나뉘어 저장되며, 마우스를 가져가기만 해도 설교의 연도, 주제, 장소, 본문, 요약이 보이는 시스템이다. 이것은 단순히 기술이 아니라, 말씀 사역 운영 플랫폼에 대한 목회자의 상상력이다.

나는 AI가 나의 설교를 분석해 주는 것에도 열린 태도를 가지고 있다. 본문 분포, 주제 편향, 적용 부족, 사회적 연결 부적절성 등은 AI가 기술적으로 제시할 수 있는 부분이다. 그러나 분석과 해석의 최종 책임은 목회자의 인격과 성령의 감동에 달려 있다. 분석은 AI

를 통해 받을 수 있으나, 해석은 기도 속에서 해야 한다.

예전에 정리해 두었던 설교나 메모를 다시 보면, 은혜 받았던 시간과 장소, 사람, 기도가 떠오르면서 다시 열정에 불이 붙는다. 이것이 바로 설교를 기록하고 다시 들여다보는 이유다. AI가 도와줄 수 있는 일은 많지만, 하나님의 감동을 기억하고 회복시키는 일은 목회자의 몫이다.

◎ 하나님의 임재의 기억을 보존하는 말씀 아카이빙

설교는 일화적인 전달이 아니라, 하나님의 임재의 기억을 보존하는 일이다. 말씀의 아카이빙은 자료 정리를 넘어선 사역의 새로운 형태다. AI가 자료를 정리해 주고, 보여주고, 분석해 줄 수 있지만 그 중심에는 항상 하나님의 말씀과 그 말씀을 붙든 목회자의 무릎과 눈물이 있어야 한다. AI의 도움으로 말씀이 사라지지 않고, 쉽게 찾게 되고, 다시 사용되어 하나님의 은혜가 끊임없이 흘러갈 수 있기를 소망한다.

3.
AI 시대, 목회자의 자리

3-1. 성령 충만

기술은 중심을 흔들 수 없다. 중심은 하나님이시다.

◎ 기술보다 앞선 성령 충만

AI가 아무리 정교해지고, 수많은 도구가 목회를 돕는 시대가 도래한다 해도 그 어떤 기술도 성령을 대신할 수는 없다. 성령 충만은 단지 감정의 고양됨이나 분위기의 뜨거움이 아니다. 성령 충만이란 하나님의 은혜가 내 삶을 완전히 다스리는 상태, 나의 일상과 사역 전반이 하나님의 통치를 받고 있는 상태다. 매 순간 하나님 앞에서 살아가는 자세, 그것이 바로 성령 충만이다.

◎ 성령 충만은 삶에 찾아온다

성령 충만은 부흥집회에만 있는 것이 아니다. 그분은 우리의 눈물, 선택의 순간, 조용한 산책 속에도 찾아오신다. 28년 전 선교지에서 철수하던 날, 사람들은 실패라 했지만 하나님은 눈물로 위로하셨고, 나는 그곳에서 성령 충만을 경험했다. 서해의 캄캄한 바다 위, 임신 8개월의 아내와 함께 중국 웨이하이행 배에 올랐을 때, 생명을 거는 결단 속에 성령의 임재가 가득했다. 또한 모든 것을 포기하고 하나님 앞에 나아가는 기도의 순간마다 은혜가 임했고, 결단과 헌신 속에 성령 충만이 찾아왔다. 청계산기도원에서 주님의 이름을 부르짖을 때, 하나님의 음성을 듣고 가슴이 떨렸고, 성령께서 그 자리에 함께하셨다. 심지어 길을 걷다가 불어오는 바람을 맞으며 문득 멈춰 설 때도 은혜가 흘렀고, 기쁨이 충만했다.

성령 충만은 나의 일상에 찾아왔다. 하지만 성령 충만이 항상 유지되는 것이 아니었다. 때로는 바쁜 사역으로 놓쳐버린 때도 많았다. 사람에게 치이고, 시간에 쫓기고, 일에 쫓기고, 탈진하고 무기력해졌을 때, 성령 충만은 서서히 멀어졌다. 그러나 감사한 것은 다시 회복할 길이 있었다는 것이다. 하나님의 이름을 부를 때, 예배의 자리에서 무릎 꿇을 때, 찬양하며 마음을 열 때, 말씀을 묵상하다 눈물 흘릴 때, 성령께서 다시 찾아오셨다. 말씀은 살아 있었고, 주님의 임재는 여전히 함께하셨다.

AI를 처음 접했을 때, 나도 고민했다. '이거…AI가 하나님을 대신하는 건 아닐까?' '기도나 묵상에 소홀해지진 않을까?' '너무 편해지면 게을러지지 않을까?' 하지만 이젠 안다. AI는 단지 비서일 뿐이다. 반복적인 일, 복잡한 행정, 자료 정리를 대신 해주는 지혜로운 조력자다.

그리고 중요한 건 이것이다. 나는 예배를 게을리하지 않고, 기도를 멈추지 않으며, 하나님과의 교제를 삶의 가장 중심에 두기에 AI는 내 성령 충만을 빼앗지 못한다는 것이다.

◎ 나는 쉬지 않는 기도로 성령과 동행한다

AI 시대, 기술이 넘치는 시대. 하지만 그 속에서도 나는 기도한다. 나는 쉬지 않고 기도한다. 아침부터 저녁까지 일상에서 항상 하나님을 향한 마음을 가지고 사는 것이 나의 루틴이다. 쉬지 않는 기도는 형식이 아니다. 하나님을 향한 방향을 포기하지 않는 마음의 상태다. 그래서 나는 기도한다. 나를 도울 수 있는 것은 기계이지만, 나를 이끌어야 하는 분은 성령이시다.

◎ 성령 충만 없는 도구 사용은 위험하다

도구가 아무리 좋아도, 그 도구를 쓰는 손이 성령의 다스림 아래 있지 않으면 그것은 방향 없이 휘두르는 칼이 될 수 있다. 성령 충만은 이 시대 목회자에게서 가장 강력한 사역의 무기이자, 가장 안전한 정체성의 방패다. AI 시대, 도구가 많아지고 기술은 빨라졌지만, 나는 여전히 주님 앞에 무릎 꿇은 한 사람으로 살고 싶다.

"주님, 내게 도구를 주시되 도구보다 주님을 더 사랑하게 하소서. 성령 충만을 잃지 않게 하소서."

이 고백이 나의 시작이자, 끝이다.

3-2. 말씀 충만 : 말씀이 삶을 다스리게 하라

말씀 충만은 단순히 성경을 많이 읽는 것을 넘어, 말씀이 삶을 통치하고 입술과 행실에서 흘러넘치는 상태다. AI는 말씀 연구를 도울 수 있지만, 말씀 충만은 오직 기도와 삶의 순종으로만 가능하다.

AI 시대의 목회자는 말씀에 대한 새로운 이해가 필요하다. 말씀 충만은 단지 성경을 많이 읽는 것을 넘어, 하나님의 말씀이 우리의 삶을 다스리는 상태를 말한다. 머리에 쌓이는 지식이 아닌, 삶에서 드러나는 말씀의 실체를 추구해야 한다. 말씀이 입술과 삶에서 흘러넘치게 하는 것이다.

◎ 일상에서 말씀 충만을 경험하라

말씀 충만은 우리의 거룩한 루틴에서 경험할 수 있다. 말씀을 사모하며 읽고 연구하는 시간을 가지라. 말씀을 한 구절씩 붙잡고 기도하며, 설교를 통해 하나님의 음성에 귀 기울이라. 성경 말씀을 암송하고 필사하며 하루하루를 살아가라. 성령의 감동으로 레마의 말씀을 선포하는 경험을 사모하라. 그리고 말씀이 실제 성도들의 삶에서 열매 맺는 장면을 보는 기쁨을 놓치지 말라. 이 모든 순간이 말씀 충만이 현실에 존재하는 하나님의 현재형 음성임을 증명할 것이다.

◎ AI는 도구일 뿐, 말씀의 깊이는 삶과 기도가 결정한다

AI 사용에 대한 염려가 있을 수 있다. '이 편리함에 의존하다 말씀의 깊이가 얕아지는 것은 아닐까?' 하지만 결론은 분명하다. 말씀의 깊이는 도구가 아니라, 그 말씀을 전하는 우리의 삶과 기도가 결정한다. AI는 자료를 정리하고 설교의 초안을 만들 수 있다. 그러나 그 말씀을 전하는 목회자의 삶과 인격에 따라 설교의 깊이와 권세가 달라진다. 목회자는 기도하며 하루를 보내고, 하나님과 동행하며 살아가야 한다. 그래야 어떤 말씀이라도 하나님의 능력이 나타나게 하는 검으로 작용할 수 있다.

◦ 말씀 충만을 위한 실제적인 루틴을 만들라

말씀 충만을 유지하기 위한 실제적인 루틴을 제안한다.

● 쉬지 않는 기도와 예배의 삶을 최우선에 두라. 예배가 삶의 중심이 되게 하고, 하루 전체를 기도로 호흡하라.

● 성경 말씀을 암송하고 필사하라. 말씀을 그냥 읽고만 넘기지 말고, 입과 손으로 새기는 경험을 통해 더 깊이 체득하라.

● 묵상 후 기도를 습관화하라. 말씀을 읽는 데 그치지 말고, 그 말씀에 기도로 반응하는 시간을 가지라.

이러한 루틴을 통해 말씀이 목회자를 통과하여 세상으로 흘러가게 될 것이다.

AI는 강력한 도구다. 그러나 그로 인해 생길 수 있는 영적 위험도 인지해야 한다. 설교문을 쉽게 얻게 되면서 말씀을 두고 씨름하는 시간이 줄어들 수 있다. 그러므로 유혹에 빠지지 말라. 속도의 유혹에 빠져 말씀에 대한 '깊은 기다림'을 잃지 않도록 경계하라. 또 트렌드와 포맷을 따르다 보면, 복음이 감동을 주는 것이 아닌 단순한 콘텐츠로 전락할 수 있다. 복음에서 중요한 것은 포맷이 아니라 감동이다. AI는 돕는 도구일 뿐, 말씀을 전하는 자의 삶과 기도가 핵심이다.

◎ 말씀은 AI가 아닌, 하나님께 속한 것이다

AI는 말씀 그 자체가 아니다. AI가 말씀의 형식을 다듬을 수는 있지만, 말씀의 능력과 권세는 하나님 앞에 엎드린 자에게만 임한다. AI가 아무리 발달해도, 말씀이 우리를 지배하고, 그 말씀이 우리의 입술과 삶에서 흘러넘치지 않는다면, 우리는 말씀 충만한 목회자가 아니다.

"하나님, 말씀을 전하는 자로서 말씀에 사로잡히게 하소서. 입술보다 삶이 먼저 말씀을 말하게 하소서."

이렇게 기도하는 우리의 삶을 통해 말씀이 살아 역사하게 될 것이다

3-3. 주님을 닮은 인성 : 사람을 흉내 내는 AI는 많아지고 있지만, 예수님을 닮은 사람은 여전히 드물다

우리는 지금 기술보다 인격이 귀한 시대를 살고 있다. AI 시대는 지식과 콘텐츠 생성이 자동화되는 시대이며, 말도 잘하고 글도 잘 쓰고 대화도 잘하는 시스템들이 등장한다. 그러나 사람을 감동시키는 것은 논리가 아니라 인격이며, 변화를 일으키는 것도 기술이 아니라 인격이다. 그리고 목회자는 그 인격이 예수님을 닮은 사람이어야 한다.

"예수님의 인격, 삶의 방식, 생각, 처신, 태도, 그리고 특히 예수님의 마음과 그에 따른 행동 그 전부를 닮고 싶다." 이것이 나의 간절한 소망이다.

◎ 그분을 닮고 싶었던 사역의 순간들

예수님은 사람들에게 모함을 받으시면서도 변명하지 않으셨다. 오히려 끝까지 하나님의 뜻을 따르시며, 가난하고 소외된 자들의 편에 서셨다. 병자의 손을 잡으시고, 고아와 과부를 돌보시며, 십자가

를 지시고도 원망하지 않으셨던 그 모습은 목사로 살아가는 내 삶의 거울이자 목표였다.

나는 억울한 순간, 예수님처럼 침묵하고 싶다. 나에게 상처 준 사람을 이해하고, 연약한 이를 품으며, 외면당한 자에게 따뜻하게 다가가고 싶다. 예수님의 마음을 따라 걷고 싶다. 이러한 마음의 갈망이 나를 늘 주님께로 이끈다.

◎ 각자가 신이 되는 세상에서 : 왜 인성이 더 중요해지는가?

AI와 기술이 발달할수록 사람들은 더는 타인 없이도 살아갈 수 있는 세상을 만들고 있다. 사람보다 더 친절한 기계, 힘 있고 정확한 AI, 홀로 불편함 없이 사는 개인의 시대. 결국 각자가 신이 되는 세상이 만들어지고 있다. 그러나 그렇게 만들어진 세상은 공동체의 붕괴와 정서의 약화라는 더 큰 문제를 낳게 된다. 그 속에서 사람들은 다시 사람을 찾게 될 것이다.

학력보다 시력(시대를 보는 눈)이 중요해지고, 건물보다 사람, 그리고 그 사람의 인격과 온기를 찾는 시대가 올 것이다. 기술은 지식을, AI는 정보를 제공할 수 있지만, 인간적인 따뜻함과 영적인 깊이는 결코 대체할 수 없다.

AI는 글을 쓸 수 있고, 감정도 흉내 낼 수 있다. 하지만 AI는 누군가의 눈을 바라보고, 손을 잡고, 무너진 마음을 느낄 수 없다. 예수님을 닮은 인성과 인격은 절대 대체되지 않는다. 오히려 그 가치는 더욱 커질 것이다. 예수님을 닮은 목회자는 유명해지지 않을 수도 있고, 작은 교회에 머무를 수 있다. 하지만 그 존재 자체가 상징이 되고, 세상의 희망이 될 것이다. 사람들이 그런 존재로 인해 감사하다고 말하고, 하나님도 기뻐하실 것이다. 이것이야말로 목회자의 가장 큰 영광이다.

◎ 예수님의 인격을 닮기 위한 훈련 : 삶을 지키는 울타리

예수님을 닮은 인격은 결코 자동으로 형성되지 않는다. 그것은 끊임없는 훈련과 자기 부정을 통해서만 가능하다. 그래서 나는 날마다 결심하고 훈련한다.

- 늘 겸손하기: 나의 부족함을 인정하고 하나님 앞에 낮아진다.
- 항상 하나님 앞에서(Coram Deo) 살기: 모든 순간 하나님의 임재를 의식하며 살아간다.

- 성령께 물어보기: 모든 결정과 삶의 방향을 성령의 인도하심에 맡긴다.
- 말씀에 피드백 받기: 말씀을 통해 나를 점검하고 수정해 간다.
- 하나님과 사람에게 감사하기: 모든 상황에서 감사할 이유를 찾는다.
- 무엇보다 예수님 바라보기: 삶의 유일한 목표와 거울은 오직 예수 그리스도다.

이 루틴은 나의 인성과 삶을 지켜주는 든든한 울타리다. 이 훈련은 나를 '지금 이 시대가 찾는 목회자'로 빚어간다.

◎ 예수님을 닮은 목회자가 되는 것, 나의 사명

예수님을 닮은 인성은 기술로 배울 수 없다. 그건 삶으로만 전해지고, 눈물과 묵상, 침묵과 기도 속에서만 자란다. 그런 목회자는 세상에 드러나지 않을 수도 있고, 유명해지지 않을 수도 있다. 그러나 하나님이 그를 보시고 기뻐하신다.

세상에 예수님을 믿는 사람은 많아졌지만, 예수님을 닮은 사람은 여전히 귀하다. 나는 그 사람 중 하나가 되고 싶다. 이것이 나의 사명이며, 이 시대 목회자에게 주어진 가장 고귀한 부르심이다.

3-4. 쉬지 않는 기도를 통한 주님과의 동행 : 기도는 따로 시간을 내서 하는 것이 아니라, 삶 전체에 하나님을 초대하는 일이다

◎ AI 시대, 기도가 더 본질이 되는 이유

속도가 중요하고, 정보가 쏟아지며, AI가 목회의 흐름까지 바꾸는 이 시점에서 우리는 질문하게 된다. '이제 목회자의 기도는 어떻게 변화해야 하는가?' 이에 대한 나의 대답은 분명하다. "쉬지 않는 기도는 내 생활 루틴 그 자체이다." 나는 아침에 눈을 뜨면서 사도신경으로 시작하고, 정오엔 십계명으로 내 삶을 돌아보며, 잠들기 전엔 주기도문으로 하루를 마무리한다. 온종일 하나님께 말을 걸고, 속삭이고, 부르고, 고백하며 살아간다. 기도는 나의 삶을 지탱하는 가장 본질적인 행위다.

아침에는 그날의 일정을 하나님께 설명하고 맡기는 대화를 나누며 준비한다. 그리고 그 사이사이에는 짧은 기도가 끊임없이 흘러넘

친다. "보혜사 성령님, 도와주세요." "주님, 긍휼히 여겨주세요." "전능하신 하나님!" "예수 그리스도시여!" 이 기도들은 사역과 감정, 판단과 회복의 전환점마다 흐르는 믿음의 숨결이다. 마치 호흡처럼 기도는 나의 삶과 분리되지 않는 가장 자연스러운 언어가 되었다.

◎ 응답은 현실 속에 찾아온다 : 기도의 힘

기도는 추상적인 위로를 주는 것이 아니다. 실제로 삶을 바꾸는 힘이 된다. 너무 바쁘고 지칠 때 "보혜사 성령님, 도와주세요"라고 기도하면, 마음이 정리되고 새 힘이 솟아나는 것을 경험한다. 실수하고 분노가 올라올 때 "주님, 긍휼히 여겨주세요"라고 고백하면, 용서와 회복의 마음이 찾아온다. 두렵고 불안할 때 전능하신 하나님의 이름을 부르면, 하나님의 임재가 심령 깊은 곳에서 역사한다. 하나님의 이름을 부를 때 내 마음의 방향이 바뀌고, 기도는 내 속도를 늦추고 하나님의 중심으로 돌아가게 한다.

속도의 시대일수록 기도는 더 깊어야 한다. 성공이 곧 행복을 보장하지 않는 시대, 많은 것을 이뤄도 속이 허전한 시대에 우리는 살고 있다. AI가 목회를 돕는 시대이지만, 기도 없이 준비한 설교는 힘이 없다. 기도 없이 세운 계획은 오래가지 못한다. 사람이 행복하게 살아가는 건 속도의 문제가 아니라, 누구와 동행하느냐의 문제다. 주님과 함께 걷는 삶이야말로 가장 행복한 인생임을 나는 확신한다.

◎ 기도가 습관이 되고, 삶이 되다

기도 생활은 억지로 유지하는 것이 아니다. 기도가 루틴이 되면, 그 루틴은 습관이 되고, 그러면 삶 그 자체가 기도가 된다. 나의 기도 루틴은 단단하다. 특별히 알람을 맞춰두지 않아도, 별도로 시간을 정하지 않아도 생활 그 자체가 기도다. 이제 내게 기도는 정지된 시간이 아닌, 흐르는 삶이 되었다.

3-5. 공동체 활동 : 모임과 만남을 기획하여 만들라

혼자 가면 빨리 가지만, 함께 가면 멀리 간다. AI 시대, 사람들은 더 쉽게 고립될 수 있다. 그러나 교회는 모이기에 힘쓰라는 말씀에 순종하여, 목회자가 모임을 기획하고 만드는 적극적인 자세로 공동체를 세워나가야 한다.

"모이기를 폐하는 어떤 사람들의 습관과 같이 하지 말고 오직 권하여 그날이 가까움을 볼수록 더욱 그리하자"(히 10:25). 이 말씀은 지금 시대에 더욱 절실하게 들린다. 자동차가 있고, 스마트폰이 있고, AI가 있고, 줌과 유튜브가 있는 시대. 혼자서도 얼마든지 살아갈 수 있는 세상에서 사람들은 점점 모이기를 포기하고, 심지어 목회자들도 이를 자연스럽게 받아들이는 분위기가 형성되고 있다. 그러나 불가능은 없다. 가능하게 만들어야 한다. 이를 위해 기도하고, 방법을 마련해야 한다.

◎ 모이면 삶을 버틸 수 있다 : 영적 지지대

우리는 사역 현장에서 '모임'의 능력을 직접 체험했다. 모였을 때 리더십이 성장했고, 모였을 때 서로 위로하고 견뎌냈으며, 모였을 때 함께 울고 웃으며 공동체가 단단해졌다. 모임은 단지 만나는 행사가 아니라, 삶의 무게를 견뎌내게 하는 영적 지지대였다. 혼자 가면 빨리 갈 수 있지만, 함께 가면 멀리 갈 수 있다. 이 말은 이제 교회를 위한 말로 들린다. 교회는 함께 가는 공동체로서, 그 구성원은 각각 서로에게 힘이 되어주는 존재여야 한다.

◎ 사람은 결국 사람을 그리워하게 된다 : 공동체적 본질

AI가 아무리 편리해도, 사람은 결국 사람을 원하게 된다. 문자로 대화해도 직접 얼굴이 보고 싶어지고, 줌으로 기도해도 함께 무릎 꿇고 손 얹어 기도하고 싶어지는 것이 인간의 본성이다. 인간은 본질적으로 공동체적 존재이기 때문이다. 그래서 모임을 설계하는 것은 하나님께서 교회에 맡기신 고유한 사명이다. 교회가 사람들을 모으고 관계를 맺도록 돕는 것은, 기술이 아무리 발전해도 변치 않는 교회의 중요한 역할인 것이다.

◎ 실제로 모이게 하기 위한 실천 아이디어 : 관계의 통로

실제로 사람들을 모이게 하기 위해 다양한 시도를 할 수 있다.
● 식사 모임: 함께 밥을 먹으면 마음이 열리고 자연스러운 교제가 시작된다.

- 기도 모임: 함께 기도하면 영적으로 깊어지고 서로를 위한 중보가 강력해진다.
- 소그룹 특강: 배움을 통해 사람들이 연결되고, 공통의 관심사를 가진 공동체가 형성된다.
- 셀 모임: 삶을 나누는 작은 공동체는 서로의 삶에 깊이 개입하고 지지하는 기반이 된다.
- 홈커밍데이: 교회를 떠났던 이들을 다시 초청하여 관계를 회복하고 공동체로 다시 이끄는 기회가 된다.
- 볼링데이, 보드게임데이: 웃고 놀며 정서적인 거리를 좁히고 친밀감을 형성한다.

이 모든 모임은 단순한 프로그램이 아니라, 사람과 사람을 연결하고, 영혼과 영혼을 묶어주는 소중한 통로가 된다.

◎ AI 시대, 공동체를 지키는 자세 : 목회자의 능동적인 기획

AI 시대에는 공동체를 '의도적으로' 기획하는 자세가 필요하다. 이제 모임은 자연스럽게 발생하지 않는다. 목회자가 기획자, 코디네이터, 공간 디자이너가 되어 모임의 기회를 적극적으로 만들어야 하는 시대가 되었다.

미래의 공동체는 작고 잦은 만남을 갖게 될 것이다. 큰 행사보다는 소규모로, 자주, 그리고 가볍게 만나는 것이 중요하다. 이러한 정서적 친밀감이 신앙 공동체의 끈이 된다. 온라인 도구는 모임을 돕는 보조 수단으로 활용해야 한다. 오픈카톡, 밴드, 알림톡 등을 활용하여 온라인에서의 연결이 실제적인 만남으로 이어지게 해야 한다. AI가 아무리 잘 설명하고 정보를 제공해도, 사람들이 신뢰하고 따르는 것은 자신들과 함께 있어주는 목회자의 진심과 존재다. 목회자의 '함께 있음'이 가장 큰 설득력을 갖게 되기 때문이다.

◎ 사람을 살리는 일은 '모임'에서 시작된다

혼자 할 수 있어도, 함께 모일 수 있는 시간과 기회를 목회자가 만들어야 한다. AI 시대는 온라인 접속은 늘어나지만, 정서적 고립은 심화시키는 이중적인 면을 가지고 있다. 교회는 그 흐름에서 '함께하는 삶의 자리'를 만들어주는 공간이 되어야 한다. 그리고 그 첫 걸음은 '모이게 하는 목회자'의 결심에서 시작된다. 목회자는 모임을 통해 성도들이 서로 기대고 위로하며, 하나님의 사랑 안에서 더욱 굳건히 세워지기를 소망해야 한다.

3-6. 전신갑주의 신형 무기를 장착하라

도구는 시대마다 바뀌지만, 영적 전쟁은 여전히 계속된다. AI 시대의 목회자는 진리의 본질을 지키면서도, 새로운 형태의 영적 무기를 장착하고 그것을 성령의 능력으로 사용해야 한다.

에베소서 6장 13-17절에 등장하는 '전신갑주'는 사도 바울이 교회에 영적 전쟁을 준비하도록 명령한 것이다. 진리의 허리띠, 의의 흉배, 복음의 신, 믿음의 방패, 구원의 투구, 성령의 검. 이 여섯 가지 무기를 취하는 것이 하나님의 사람으로서 살아가기 위한 영적 무장이었다. 그러나 시대는 바뀌었다. 지금 우리는 AI 시대, 정보 시대, 기술 시대를 살아가고 있다. 그러므로 오늘의 목회자는 여전히 같은 진리를 지키면서도 다른 형태의 무기를 취해야 하는 상황에 놓여 있다.

◎ 신형 무기란 무엇인가?

신형 무기는 단순한 기술이나 도구가 아니다. 그것은 전신갑주의 본질을 유지하면서, 그 기능을 오늘의 상황에 맞게 재구성한 무기를 뜻한다.

● 진리의 허리띠는 기독교 세계관과 성경적 분별력이다. 오늘날의 진리의 띠는 왜곡된 정보, 가짜 뉴스, 혼란한 가치관 속에서 진리를 분별하는 능력이다. 하나님의 말씀과 성경적 세계관이 오늘날의 나침반이다. 진리는 우리의 몸을 조이는 허리띠처럼 중심을 잡아주는 역할을 한다.

● 의의 흉배는 정체성과 기독교 윤리인 정결함이다. '나는 하나님의 자녀다'라는 정체성이 우리의 영적 가슴을 지켜준다. 정결함은 세상의 비난, 자기 비하, 유혹, 죄책감으로부터 자기 정체성을 지켜주는 보호 장치다.

● 복음의 신은 디지털 선교 채널이다. 유튜브, SNS 등 다양한 플랫폼을 통해 복음을 전파해야 한다. 복음은 가만히 머물러 있는 신학이 아니라, 사람이 신고 걸어다니는 신발과 같다. 디지털 도구를 사용해 사람들에게 평화를 전하고, 이웃을 사랑하고, 억눌린 자를

찾아가는 행동의 복음화다.

- 믿음의 방패는 내면의 회복력이자, 사이버 공격이나 악한 영의 훼방에 대한 믿음의 방어를 의미한다. 사탄은 오늘날 SNS나 미디어를 통해, 그리고 우리의 생각과 감정에 수많은 거짓 화살을 날린다. '너는 가치 없다', '하나님은 너를 버렸다' 등의 거짓 화살을 믿음의 방패로 막아야 한다. 이 방패는 말씀에 대한 신뢰, 하나님의 성품에 대한 확신에서 나온다.

- 구원의 투구는 마음의 회복을 돕는 묵상 도구들이다. AI 기반 큐티 앱이나 콘텐츠 등 자신이 구원받은 하나님의 자녀라는 확신을 가지고 살아갈 수 있도록 도와주는 도구들이다.

- 성령의 검 곧 하나님의 말씀은 시대가 바뀌어도 여전히 하나님의 말씀이다. 디지털 세상에 수많은 철학과 가치가 떠돌지만, 하나님의 말씀은 시대를 꿰뚫는 유일한 검이다. 이것은 묵상과 연구, 암송과 선포, 그리고 AI와 같은 도구를 활용한 말씀의 확장까지 포함된다. 오늘날의 검은 성경과 AI 그리고 묵상과 선포의 결합을 상징할 수 있다.

이것들은 전부 '도구'일 뿐이다. 진짜 무기는 여전히 진리, 믿음,

복음, 성령, 구원, 말씀이며, 그 본질을 잊은 도구는 무기가 아니라 장난감에 불과하다는 것을 기억해야 한다.

◎ 무기를 쥔 사람 : '무엇'보다 '누구'인가가 중요하다

목회자에게서 진짜 중요한 질문은 '나는 무엇을 가지고 있는가'보다 '나는 누구인가'다. 이것이 더 중요하다. 신형 무기를 사용할 수 있는 목회자란 다음의 조건을 갖춘 자다.

● 성령 충만한 사람: 성령의 인도를 따라 도구를 사용해야 한다.

● 말씀에 붙잡힌 사람: 말씀의 권세에 도구를 복종시켜야 한다.

● 쉬지 않고 기도하는 사람: 기도로 도구를 성화하고, 사역에 능력을 더해야 한다.

● 공동체 안에서 함께하는 사람: 도구를 통해 교회를 세우고 성도를 섬겨야 한다.

● 예수님의 인격을 닮은 사람: 도구의 사용 목적이 사랑과 섬김이 되도록 해야 한다.

◎ 내가 장착한 무기들 : 본질은 변하지 않는 '진리'

목회자로서 나는 AI 도구들을 배우고 활용하며 책을 출판하고, 사역 콘텐츠를 만들며, 디지털 마케팅을 하고 있다. 하지만 그것들은 '무기'가 아니다. 진짜 무기는 그 도구를 통해 전달되는 복음이며, 그 복음을 전하고자 결단한 자의 인격과 성령 충만함이다. 인쇄술이 성경을 전 세계에 보급하게 했듯이, 지금의 AI는 그 이상으로 복음을 확장할 기회를 제공한다. 그러나 다시 한번 단언하지만, 기술은 무기가 아니다. 무기는 진리다.

앞으로 어떤 목회자가 영향력을 발휘할까? 이제 AI를 능숙하게 다루는 목회자가 점점 많아질 것이다. 그러나 진짜 영향력을 가진 자는 다음의 내용을 갖춘 사람일 것이다.

- 성령 충만: 하나님의 능력으로 충만한 삶
- 말씀 충만: 말씀이 삶을 다스리고 흘러넘치는 삶
- 예수님의 인격: 그리스도의 성품을 닮아가는 삶
- 쉬지 않는 기도: 하나님과의 끊임없는 동행
- 공동체 활동에 대한 능숙함: 사람들을 사랑하고 연합하는 능력

기술의 시대에는 기계가 중요하지만, 진리의 시대에는 사람이 중

요하다. 예수님의 인격을 닮은 성령의 사람이 AI 시대를 이끌어갈 가장 강력한 전신갑주를 입은 군인인 것이다.

◎ 두려워 말라, 도구는 당신의 손에 있다

도구는 본질이 아니다. 도구는 복음을 전하기 위해 필요한 마차일 뿐이다. 그 마차에 실릴 것은 성령의 감동과 하나님의 말씀이어야 한다. 도구를 두려워하지 말라. 그러나 도구보다 하나님을 먼저 사랑하라. 그럴 때 당신의 손에 들린 AI는 가장 선하고, 가장 효과적인 말씀 사역의 도구가 될 것이다.

두려워 말라. 도구는 도구일 뿐이다. 그러나 그 도구가 당신의 손에 들려 있다면, 그 손은 반드시 거룩해야 한다.

에필로그

우리는 이 책을 통해 AI가 목회 사역의 거의 모든 영역을 돕는 통합형 도구가 될 수 있음을 보았다. AI는 설교 본문 분석과 배경 연구를 돕고, 설교자의 새벽을 함께하는 비서가 되어주며, 설교 완성도 점검에 기여할 수 있다.

또한 성도 상담 내용을 요약하고 케어 리포트 작성을 자동화하며, 양육 교재 제작과 학습 추적을 지원하고, 디지털 콘텐츠 제작과 복음 전파에 새로운 날개를 달아주며, 교회 소식지나 주보 제작을 자동화하는 데 도움을 준다.

나아가 신학과 리더십 자료 탐색, 독서 정리, 강의 노트나 논문 작성 지원을 통해 평생 학습과 성장을 돕고, 지역 데이터와 트렌드 분석, 사회 문제 대응 자료 수집 및 대응을 가능케 하며, 궁극적으로 AI 기반 목회 전략 수립과 협업 시스템을 구축하여 사역의 효율성과 확장에 크게 기여할 수 있다.

그러나 이 모든 기술적 편리함에도 변치 않는 목회자의 자리가 있음을 우리는 분명히 고백한다. AI는 결코 설교를 대신 할 수 없으며, 감동을 줄 수도 없다. 사람은 목적이고 도구는 수단이기에, AI는 사람을 대체할 수 없고, 영성을 대체할 수도 없으며, 기도를 멈추게 할 수도 없다. 기도, 위로, 영적 통찰, 성도 개개인의 눈빛과 표정 읽기, 회개와 고백의 동행, 안수와 중보는 오직 목회자만 감당할 수 있는 거룩한 영역이다.

AI는 분석은 해도 함께 울어줄 수는 없으며, 정보는 줄 수 있지만 성령의 감동은 제공할 수 없다. 설교에서 중요한 것은 구조가 아니라 생명이다. AI는 자료를 분석할 수는 있어도, 영적 감동을 분별하지는 못한다.

결론적으로 AI는 사역의 중심이 될 수 없다. 그러나 사명을 감당할 수 있도록 우리를 시대 한복판에 세워주는 하나님의 도구로 받아들일 때가 되었다. AI는 목회자가 말씀과 사람, 그리고 하나님께 더 집중할 수 있도록 시간을 벌어준다. 이는 곧 더 많은 기도와 섬김을 가능하게 하는 축복이다.

우리는 오늘날과 같이 각자가 신이 되는 세상에서 더욱 예수님을 닮은 인격과 공동체적 본질을 지켜나가야 한다. 학력보다 실력, 교회 건물보다 영성과 인성이 중요해지는 시대에 목회자는 성령 충만, 말씀 충만, 쉬지 않는 기도, 공동체 활동, 그리고 주님을 닮은 인성으로 무장해야 한다. 이 모든 것은 AI가 줄 수 없는 진짜 경쟁력이며, 시대를 이끌어갈 '전신갑주의 신형 무기'다.

두려워 말라. 도구는 도구일 뿐이다. 그러나 그 도구가 여러분의 손에 들려 있다면, 그 손은 반드시 거룩해야 한다. 이 책이, 여러분의 손에 들린 AI가 하나님 나라를 위한 선하고 효과적인 도구가 되기를 기도하며, 여러분의 모든 목회 여정에 주님과 동행하는 기쁨이 가득하기를 소망한다.

AI 시대 목회자의 고민
AI 혁신으로 새로 쓰는 목회 현장

1판 1쇄 인쇄 _ 2025년 9월 23일
1판 1쇄 발행 _ 2025년 9월 30일

지은이 _ 오경근
펴낸이 _ 이형규
펴낸곳 _ 쿰란출판사

주소 _ 서울특별시 종로구 이화장길 6
편집부 _ 745-1007, 745-1301~2, 747-1212, 743-1300
영업부 _ 747-1004, FAX 745-8490
본사평생전화번호 _ 0502-756-1004
홈페이지 _ http://www.qumran.co.kr
E-mail _ qrbooks@daum.net / qrbooks@gmail.com
한글인터넷주소 _ 쿰란, 쿰란출판사
페이스북 _ www.facebook.com/qumranpeople
인스타그램 _ www.instagram.com/qrbooks
등록 _ 제1-670호(1988.2.27)
책임교열 _ 김준표·이주련

ⓒ 오경근 2025 ISBN 979-11-24013-10-6 93230

책값은 뒤표지에 있습니다.
이 출판물은 저작권법에 의해 보호를 받는 저작물이므로 무단 복제할 수 없습니다.
파본(破本)은 구입처에서 교환해 드립니다.